Caro aluno, seja bem-vindo à sua plataforma do conhecimento!

A partir de agora, está à sua disposição uma plataforma que reúne, em um só lugar, recursos educacionais digitais que complementam os livros impressos e foram desenvolvidos especialmente para auxiliar você em seus estudos. Veja como é fácil e rápido acessar os recursos deste projeto.

1 Faça a ativação dos códigos dos seus livros.

Se você NÃO tem cadastro na plataforma:

- acesse o endereço <login.smaprendizagem.com>;
- na parte inferior da tela, clique em "Registre-se" e depois no botão "Alunos";
- escolha o país;
- preencha o formulário com os dados do tutor, do aluno e de acesso.

O seu tutor receberá um *e-mail* para validação da conta. Atenção: sem essa validação, não é possível acessar a plataforma.

Se você JÁ tem cadastro na plataforma:

- em seu computador, acesse a plataforma pelo endereço <login.smaprendizagem.com>;
- em seguida, você visualizará os livros que já estão ativados em seu perfil. Clique no botão "Códigos ou licenças", insira o código abaixo e clique no botão "Validar".

CB042986

Este é o seu código de ativação! →

D8WFR-YRZBR-A1CYP

2 Acesse os recursos

usando um computador.

No seu navegador de internet, digite o endereço <login.smaprendizagem.com> e acesse sua conta. Você visualizará todos os livros que tem cadastrados. Para escolher um livro, basta clicar na sua capa.

usando um dispositivo móvel.

Instale o aplicativo **SM Aprendizagem**, que está disponível gratuitamente na loja de aplicativos do dispositivo. Utilize o mesmo *login* e a mesma senha que você cadastrou na plataforma.

Importante! Não se esqueça de sempre cadastrar seus livros da SM em seu perfil. Assim, você garante a visualização dos seus conteúdos, seja no computador, seja no dispositivo móvel. Em caso de dúvida, entre em contato com nosso canal de atendimento pelo **telefone 0800 72 54876** ou pelo *e-mail* atendimento@grupo-sm.com.

BRA205203_506

Aprender Juntos História 3º Ano - Ensino Fundamental: Anos Iniciais - Livro Digital do Aluno. 7ª Edição 2021

APRENDER JUNTOS

3
3º ANO

HISTÓRIA

ENSINO
FUNDAMENTAL

MÔNICA LUNGOV
RAQUEL DOS SANTOS FUNARI

Organizadora: SM Educação
Obra coletiva concebida, desenvolvida e produzida por SM Educação.

São Paulo, 7ª edição, 2021

sm

Aprender Juntos **História 3**
© SM Educação
Todos os direitos reservados

Direção editorial	Cláudia Carvalho Neves
Gerência editorial	Lia Monguilhott Bezerra
Gerência de *design* e produção	André Monteiro
Edição executiva	Valéria Vaz

Edição: Isis Ridão Teixeira, Mírian Cristina de Moura Garrido, Rodrigo Souza

Suporte editorial: Fernanda de Araújo Fortunato

Coordenação de preparação e revisão Cláudia Rodrigues do Espírito Santo

Preparação: Rosinei Aparecida Rodrigues Araujo, Ivana Costa, Vera Lúcia Rocha

Revisão: Ana Paula Migiyama, Eliane Santoro, Fátima Valentina Cezare Pasculli

Apoio de equipe: Beatriz Nascimento

Coordenação de design Gilciane Munhoz

***Design*:** Thatiana Kalaes, Lissa Sakajiri

Coordenação de arte Andressa Fiorio

Edição de arte: Alexandre Pereira

Assistência de arte: Mauro Moreira

Assistência de produção: Leslie Morais

Coordenação de iconografia Josiane Laurentino

Pesquisa iconográfica: Beatriz Micsik, Enio Lopes

Tratamento de imagem: Marcelo Casaro

Capa APIS Design

Ilustração da capa: Henrique Mantovani Petrus

Projeto gráfico APIS Design

Editoração eletrônica Estúdio Anexo

Pre-impressão Américo Jesus

Fabricação Alexander Maeda

Impressão Ricargraf

Em respeito ao meio ambiente, as folhas deste livro foram produzidas com fibras obtidas de árvores de florestas plantadas, com origem certificada.

Dados Internacionais de Catalogação na Publicação (CIP)
(Câmara Brasileira do Livro, SP, Brasil)

Lungov, Mônica
    Aprender juntos história, 3º ano : ensino fundamental / Mônica Lungov, Raquel dos Santos Funari ; organizadora SM Educação ; obra coletiva concebida, desenvolvida e produzida por SM Educação. — 7. ed. — São Paulo : Edições SM, 2021. — (Aprender juntos)

    ISBN 978-65-5744-266-1 (aluno)
    ISBN 978-65-5744-296-8 (professor)

    1. História (Ensino fundamental) I. Funari, Raquel dos Santos. II. Título. III. Série

21-67651   CDD-372.89

Índices para catálogo sistemático:

1. História : Ensino Fundamental   372.89

Cibele Maria Dias — Bibliotecária — CRB-8/9427

7ª edição, 2021
3ª impressão, janeiro 2023

SM Educação
Rua Cenno Sbrighi, 25 - Edifício West Tower n. 45 – 1º andar
Água Branca 05036-010 São Paulo SP Brasil
Tel. 11 2111-7400
atendimento@grupo-sm.com
www.grupo-sm.com/br

Apresentação

Querido estudante, querida estudante,

Este livro foi cuidadosamente pensado para ajudar você a construir uma aprendizagem cheia de significados, que lhe seja útil não somente hoje, mas também no futuro. Nele, você vai encontrar incentivo para criar, expressar ideias e pensamentos, refletir sobre o que aprende e trocar experiências e conhecimentos.

Os temas, os textos, as imagens e as atividades propostos possibilitam o desenvolvimento de competências e de habilidades fundamentais para viver em sociedade. Também ajudam você a lidar com suas emoções, demonstrar empatia, alcançar objetivos, manter relações sociais positivas e tomar decisões de maneira responsável. Aqui, você vai encontrar oportunidades valiosas para que se desenvolva como cidadão ou cidadã.

Acreditamos que é por meio de atitudes positivas e construtivas que se conquistam autonomia e capacidade para tomar decisões acertadas, resolver problemas e superar conflitos.

Esperamos que este material contribua para seu desenvolvimento e para sua formação.

Bons estudos!

Equipe editorial

Conheça seu livro

Conhecer seu livro didático vai ajudar você a aproveitar melhor as oportunidades de aprendizagem que ele oferece.

Este volume contém doze capítulos.

Veja como seu livro está organizado.

Abertura do livro

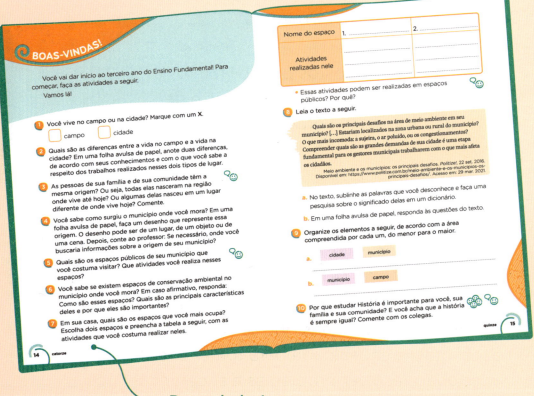

Boas-vindas!

Nesta seção, vamos ver o que você já conhece sobre os temas que serão estudados.

Uma dupla de páginas marca o início de cada capítulo. Nela, imagens variadas vão fazer você e a turma pensar e conversar sobre os temas que serão desenvolvidos ao longo do capítulo.

Desenvolvimento do assunto

Os textos, as imagens e as atividades destas páginas vão permitir que você compreenda o conteúdo que está sendo apresentado.

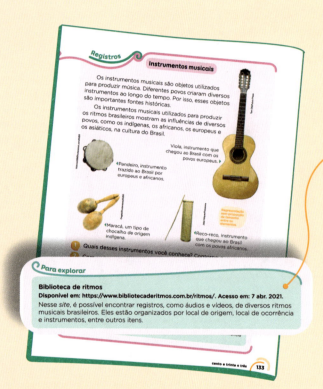

Para explorar

Aqui, há sugestões de *sites*, filmes, livros e outras dicas que ampliam e aprofundam os conteúdos estudados.

Registros

Nesta seção, você vai identificar e analisar diferentes tipos de registros históricos e refletir sobre eles.

Glossário

Ao longo do livro, você vai encontrar uma breve explicação de algumas palavras e expressões que talvez você não conheça.

Finalizando o capítulo

No final de cada capítulo, há seções que ampliam seus conhecimentos sobre a leitura de imagens e a diversidade cultural, além de verificar os conteúdos estudados.

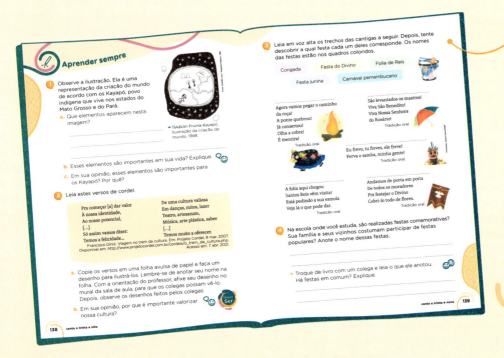

As atividades da seção **Aprender sempre** são uma oportunidade para você verificar o que aprendeu, analisar os assuntos estudados em cada capítulo e refletir sobre eles.

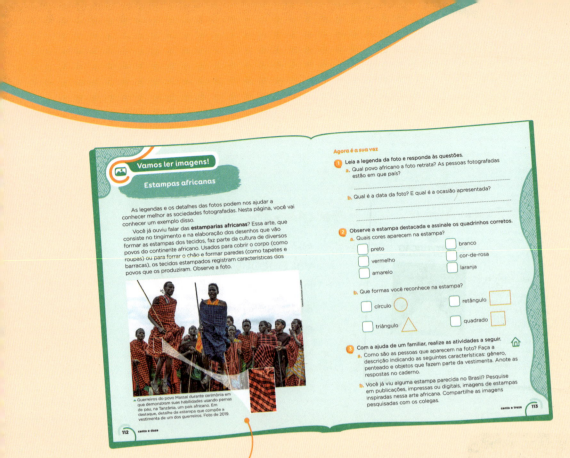

A seção **Vamos ler imagens!** propõe a análise de uma ou mais imagens e é acompanhada de atividades que vão ajudar você a compreender diferentes tipos de imagem.

Na seção **Pessoas e lugares** você vai conhecer algumas características culturais de diferentes comunidades.

Finalizando o livro

Até breve!

Aqui, vamos verificar sua aprendizagem dos principais conteúdos desenvolvidos durante o ano.

(Página do encarte mostrada)

Até breve!

A cada ano escolar, você e os colegas passam por novos desafios e aprendizagens. Você já parou para pensar no quanto aprendeu neste ano? Para saber isso, faça as atividades a seguir.

1. Ao longo do ano, você fez várias descobertas sobre o município onde mora. Sobre esse assunto, preencha a tabela a seguir.

Nome do município	
Características da área rural	
Características da área urbana	
Data do início da história do município	
Ano de fundação do município	
Marcos históricos	

2. Agora, sobre a escola onde você estuda, anote as seguintes informações, em uma folha avulsa de papel: nome da escola; história do nome da escola; endereço da escola; se fica na área rural ou na área urbana; em que ano foi fundada e qual é a importância dela para a comunidade.

140 cento e quarenta

3. Escolha um parente com o qual você tenha conversado durante o ano e conte aos colegas que importância essa pessoa tem para sua família e qual é a relevância do trabalho dela para a comunidade. Depois, comente o que você sabe sobre as brincadeiras que essa pessoa fazia quando era criança. **Dica:** Se essas brincadeiras ainda forem realizadas atualmente, conte também de que forma isso acontece e como você costuma brincar.

4. Nesta avaliação, você compartilhou o que sabe sobre o município onde mora, sobre a escola onde estuda e sobre a sua moradia. Para você, quais são as diferenças entre esses três espaços? Em uma folha avulsa de papel, escreva um parágrafo apresentando pelo menos duas diferenças.

5. Organize os conceitos a seguir em ordem crescente, levando em consideração o nível de cada elemento para a organização da administração pública no Brasil. Caso alguns elementos estejam no mesmo nível, você deve escrevê-los no mesmo campo.

área urbana   país   município   área rural   estado

6. De modo coletivo, escrevam um texto curto, co... de três parágrafos, sobre a importância de prot... vestígios históricos e as manifestações cultura... no município onde vocês moram. Lembrem-se... dos vestígios e das manifestações que vocês e... longo do ano e de dar exemplos sobre o que... elas. No texto, vocês podem evidenciar as de... chamaram a atenção durante os estudos e as... que fizeram.

Destacar e montar

Página 55 · Atividade 2

Há também os **encartes**. Eles são materiais complementares que você vai usar em algumas atividades.

cento e quarenta e sete 147

ÍCONES USADOS NOS LIVROS

Saber Ser

Saber ser
Sinaliza momentos propícios para o desenvolvimento das competências socioemocionais.

REPRESENTAÇÃO SEM PROPORÇÃO DE TAMANHO E/OU DISTÂNCIA ENTRE OS ELEMENTOS.

Proporções
Traz informações sobre as proporções de fotos, ilustrações e outros elementos da página.

 Atividade em dupla

 Atividade em grupo

 Atividade oral

 Atividade para casa

Sumário

Bruno Rosa/ID/BR

Cristiano A Costa/Shutterstock.com/ID/BR

Dayane Raven/ID/BR

Dayane Raven/ID/BR

Rita Barreto/Fotoarena

Fernando Favoretto/Criar Imagem

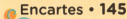

José Costa Leite/Acervo do artista

José Costa Leite/Acervo do artista

Você vai dar início ao terceiro ano do Ensino Fundamental! Para começar, faça as atividades a seguir.

Vamos lá!

1 Você vive no campo ou na cidade? Marque com um **X**.

☐ campo ☐ cidade

2 Quais são as diferenças entre a vida no campo e a vida na cidade? Em uma folha avulsa de papel, anote duas diferenças, de acordo com seus conhecimentos e com o que você sabe a respeito dos trabalhos realizados nesses dois tipos de lugar.

3 As pessoas de sua família e de sua comunidade têm a mesma origem? Ou seja, todas elas nasceram na região onde vive até hoje? Ou algumas delas nasceu em um lugar diferente de onde vive hoje? Comente.

4 Você sabe como surgiu o município onde você mora? Em uma folha avulsa de papel, faça um desenho que represente essa origem. O desenho pode ser de um lugar, de um objeto ou de uma cena. Depois, conte ao professor: Se necessário, onde você buscaria informações sobre a origem de seu município?

5 Quais são os espaços públicos de seu município que você costuma visitar? Que atividades você realiza nesses espaços?

6 Você sabe se existem espaços de conservação ambiental no município onde você mora? Em caso afirmativo, responda: Como são esses espaços? Quais são as principais características deles e por que eles são importantes?

7 Em sua casa, quais são os espaços que você mais ocupa? Escolha dois espaços e preencha a tabela a seguir, com as atividades que você costuma realizar neles.

Nome do espaço	1. _____	2. _____
Atividades realizadas nele	_____ _____ _____ _____	_____ _____ _____ _____

- Essas atividades podem ser realizadas em espaços públicos? Por quê?

8 Leia o texto a seguir.

> Quais são os principais desafios na área de meio ambiente em seu município? [...] Estariam localizados na zona urbana ou rural do município? O que mais incomoda: a sujeira, o ar poluído, ou os congestionamentos? Compreender quais são as grandes demandas de sua cidade é uma etapa fundamental para os gestores municipais trabalharem com o que mais afeta os cidadãos.
>
> Meio ambiente e os municípios: os principais desafios. *Politize!*, 22 set. 2016. Disponível em: https://www.politize.com.br/meio-ambiente-e-os-municipios-os-principais-desafios/. Acesso em: 29 mar. 2021.

a. No texto, sublinhe as palavras que você desconhece e faça uma pesquisa sobre o significado delas em um dicionário.

b. Em uma folha avulsa de papel, responda às questões do texto.

9 Organize os elementos a seguir, de acordo com a área compreendida por cada um, do menor para o maior.

a. cidade   município

_____

b. município   campo

_____

10 Por que estudar História é importante para você, sua família e sua comunidade? E você acha que a história é sempre igual? Comente com os colegas.

As primeiras vilas do Brasil

Alguns anos depois da chegada das embarcações portuguesas às terras que hoje formam o Brasil, há mais de 500 anos, os portugueses fundaram aqui cidades e vilas.

Para começo de conversa

1. A ilustração representa algumas das principais características da primeira vila fundada no Brasil. O que mais chama sua atenção nesse cenário?

2. A organização de vilas e cidades está relacionada ao modo de vida dos indígenas ou dos portugueses? Qual é sua opinião sobre isso?

3. Em sua opinião, para construir as vilas, os portugueses deveriam ter respeitado a forma como os diferentes povos indígenas se organizavam? Por quê?

Saber Ser

◀ Ilustração que representa a vila de São Vicente no passado. Trata-se da primeira vila fundada no Brasil pelos portugueses. Ela deu origem ao atual município de São Vicente, em São Paulo.

A vila de São Vicente

Em 1500, navegadores portugueses, comandados por Pedro Álvares Cabral, chegaram em caravelas às terras que, depois, chamaram de **Brasil**. No começo, os portugueses estabeleceram contato com os indígenas e começaram a exploração do pau--brasil. Trinta anos depois, deram início à dominação e à exploração das terras, com a fundação das primeiras **vilas**. Esse processo é chamado de **colonização**.

Para isso, em 1532, o comandante de expedições portuguesas Martim Afonso de Sousa fundou a vila de São Vicente, localizada no litoral do atual estado de São Paulo. Essa foi uma das primeiras vilas do Brasil. Nela, foi instalado o primeiro **engenho de açúcar**, onde se cultivava a cana e se produzia açúcar para ser vendido na Europa.

Símbolos portugueses

As vilas apresentavam os seguintes símbolos da autoridade portuguesa:

- a **casa da Câmara** – que era a sede da administração;
- a **cadeia** – que ficava no mesmo prédio que a Câmara;
- o **pelourinho** – coluna de pedra ou de madeira que servia para afixar leis e aplicar castigos nas pessoas consideradas criminosas.

João Prudente/Pulsar Imagens

casa da Câmara

cadeia

pelourinho

Casa da Câmara, pelourinho e cadeia de Alcântara, Maranhão, construídos por volta de 1760. Atualmente, o prédio é aberto à visitação. Foto de 2019. ▶

1. Há engenhos de acúcar, Câmara, pelourinho ou cadeia no município onde você mora? Há quantos anos eles foram construídos? Com a ajuda do adulto que cuida de você, faça uma pesquisa sobre isso em publicações impressas ou digitais. Anote as descobertas no caderno e depois compartilhe os resultados com a turma.

A vila de São Paulo de Piratininga

Saindo de São Vicente, um grupo de **jesuítas**, entre eles José de Anchieta, subiu a serra do Mar. Esse grupo ocupou terras mais altas e distantes do litoral.

Em 25 de janeiro de 1554, fundou um colégio. Esse colégio deu origem ao povoado de São Paulo de Piratininga.

Em 1560, o povoado tornou-se vila e foi crescendo aos poucos. Em cerca de quarenta anos, já havia mais de 120 casas, o colégio dos jesuítas, o mosteiro de São Bento e a igreja de São Francisco.

Jesuíta: padre da Companhia de Jesus, grupo religioso da Igreja católica.

Brasil: São Vicente e São Paulo – 2018

Fonte de pesquisa: *Atlas geográfico escolar*. Rio de Janeiro: IBGE, 2018. p. 90 e 174.

Oscar Pereira da Silva. *Fundação de São Paulo, 1554*, pintura feita em 1909. Óleo sobre tela.

2 Como os indígenas foram retratados na imagem? E os jesuítas? Completem o quadro a seguir com essas informações.

Indígenas	Jesuítas

A vila de Olinda

Em 1535, o governo português fundou o povoado de Olinda, um dos primeiros na atual Região Nordeste. O cultivo de cana e a produção de açúcar nos engenhos foram as principais atividades desenvolvidas. Quase todo o trabalho nos engenhos era feito por africanos e indígenas escravizados.

A localização do povoado ajudou bastante na realização dessas atividades, já que a área tinha solo fértil e fácil acesso à água. Além disso, havia um porto natural perto de Olinda, o que facilitava o envio do açúcar para a Europa, que era feito por navios. Essa intensa atividade econômica contribuiu para o crescimento do povoado que, em 1537, tornou-se vila e, em 1676, passou à condição de cidade.

Igrejas e casarões, erguidos na época dos engenhos de cana-de--açúcar, são importantes exemplos da arquitetura e do modo de vida daquele período. Em 1982, devido à sua riqueza histórica, Olinda foi declarada **patrimônio cultural da humanidade**.

Brasil: Olinda – 2018

Fonte de pesquisa: *Atlas geográfico escolar*. Rio de Janeiro: IBGE, 2018. p. 90 e 167.

Frans Post. Detalhe da obra *Vista de Olinda*, 1650. Óleo sobre tela. Ao fundo, vê-se a vila de Olinda.

1 Pinte de **laranja** o quadrinho que apresenta as primeiras atividades econômicas realizadas em Olinda.

☐ Cultivo da cana e produção de açúcar.

☐ Plantação de café e criação de gado.

2 Observe a pintura de Frans Post e responda: Como as construções de Olinda foram representadas?

Cidades históricas

A história das cidades pode ser contada por meio dos acontecimentos marcantes e das mudanças pelas quais cada uma delas passa. As cidades se transformam, e muitas delas deixam de preservar as construções mais antigas. Em outras, como São Cristóvão e Sergipe, esses marcos do passado são preservados.

Nessas cidades, encontramos fontes, **chafarizes**, casarões, igrejas e até mesmo o calçamento de pedras das ruas utilizado no passado.

Ou seja, ao visitar essas cidades ou ao morar nelas, você caminha por lugares que existem há muito tempo, às vezes, há séculos, como museus a céu aberto.

Por isso, essas localidades são chamadas de cidades históricas.

Chafariz: construção com bica ou torneira, onde a população ia buscar água.

A vila de São Cristóvão foi fundada por volta de 1590 e é possível encontrar vestígios históricos em vários locais da cidade atual. Na foto, vestígios da igreja e convento de Santa Cruz, que começaram a ser construídos em 1659. Foto de 2018. ▶

Delfim Martins/Pulsar Imagens

1. Qual é a relação entre os patrimônios culturais e as cidades históricas? Levante hipóteses e compartilhe suas ideias com a turma.

2. Você já reparou se no município onde mora há construções e monumentos considerados históricos? Dê exemplos e conte à turma o que sabe sobre eles.

Cartão-postal de Salvador

Os cartões-postais apresentam imagens de determinados lugares e podem ser enviados a alguém pelo correio. Em um dos lados do cartão, há uma imagem; e do outro, espaços em branco para escrevermos uma curta mensagem, o endereço do destinatário e colarmos o selo postal.

As imagens dos cartões-postais mostram ruas, praças, monumentos, paisagens naturais, entre outros aspectos que podem nos ajudar a conhecer parte de um lugar. Por isso, é possível saber mais sobre o passado de um lugar por meio das imagens de cartões-postais antigos. Observe o cartão-postal a seguir.

Museu Tempostal, Salvador. Fotografia: ID/BR

tomografi/iStock/Getty Images

▲Frente do cartão-postal da avenida Oceânica, em Salvador, Bahia, em cerca de 1900, e verso comum de um cartão-postal. ▶

Agora é a sua vez

1 Leia a legenda da imagem da página 22 e responda às questões.

a. Onde fica o local representado no cartão-postal?

_____

b. Qual local foi retratado?

_____

c. O cartão-postal é antigo ou atual? Por quê?

_____

2 Forme grupo com dois colegas para observar a imagem e realizar as atividades a seguir.

a. Quais elementos aparecem na imagem? Marquem com um **X**.

☐ árvores   ☐ carros   ☐ pessoas

☐ construções   ☐ água   ☐ céu

b. Com base na imagem, escrevam uma hipótese sobre o porquê de a avenida retratada se chamar Oceânica. Depois, leiam para a turma.

_____

_____

_____

c. Com a ajuda do professor, pesquisem em revistas e jornais, impressos ou digitais, imagens atuais do local retratado no cartão-postal. Comparem as fotos atuais com a imagem do passado. Que mudanças ocorreram?

3 Com a ajuda do adulto que cuida de você, escolha uma imagem do município onde você mora. Pode ser uma foto antiga ou atual. Utilize essa foto para confeccionar o cartão--postal da página 145. Na área indicada, cole a imagem. Lembre--se de anotar o local e a data da foto. Você pode presentear um colega da turma com o cartão-postal do município. Neste caso, deixe uma mensagem para ele no verso no cartão.

1 Este mapa de 1586 apresenta a primeira vila fundada no Brasil, no litoral.

Reprodução de mapa feito em cerca de 1586.

a. Qual é o nome dessa vila? Quem a fundou?

_____

_____

b. No mapa, as indicações "Fazendas" mostram as regiões onde eram realizadas as principais atividades econômicas desenvolvidas nessa vila. Quais eram essas atividades?

_____

c. Localize no mapa o "Caminho para o sertão". Subindo por ele, alguns padres chegaram a uma área mais alta que o litoral e lá fundaram um colégio. Qual povoado se originou desse colégio?

_____

2 Leia o texto a seguir.

> O donatário [...] de Pernambuco [...] escolheu o local para implantação do vilarejo [...]. O vilarejo prosperou rapidamente por ser a sede de uma das principais fontes de um produto extremamente valorizado no mercado internacional [...] [da época]: o açúcar. Nesse período, ordens religiosas se instalaram: as igrejas e os conventos que elas construíram encontram-se entre os mais antigos do Brasil.

> **Donatário:** pessoa que recebia terras do rei de Portugal e que era responsável por administrá-las.

Centro Histórico de Olinda (PE). Portal Iphan. Disponível em: http://portal.iphan.gov.br/pagina/detalhes/33. Acesso em: 26 mar. 2021.

• O texto se refere a qual vila fundada no Brasil? **Dica**: Ela foi declarada patrimônio cultural da humanidade em 1982.

3 Observe as imagens e responda às questões.

◄ Jean-Baptiste Debret. *Palácio do governo em São Paulo*, 1827. Aquarela. O colégio dos jesuítas teve essa função de 1765 a 1908.

Vista do Pátio do Colégio, no município de São Paulo, em 2018. ▶

a. As imagens representam o mesmo local em épocas diferentes. Que local é esse?

_____

_____

b. Que mudanças é possível observar da imagem **A** para a imagem **B**? O que parece igual?

_____

_____

_____

c. As imagens mostram construções que foram preservadas ao longo do tempo. Essas construções ajudam a contar a história de uma das primeiras vilas do Brasil. Em sua opinião, por que é importante preservar construções como essas?

Saber Ser

As cidades do ouro

Por volta do ano de 1700, foram descobertas minas de ouro onde hoje é o estado de Minas Gerais. Essa descoberta atraiu muitas pessoas para a região, e várias vilas foram fundadas.

Ao longo do tempo, essas vilas se tornaram cidades, e algumas guardam pistas desse passado.

Para começo de conversa

1 Onde fica a construção retratada na foto? Qual era a função dessa construção em 1750?

2 Em sua opinião, por que era necessário transformar o ouro em barras?

3 Qual é a função dessa construção hoje?

4 Em sua opinião, a decisão de preservar essa construção, dando a ela uma nova função, foi acertada? Por quê?

Saber Ser

◀ Museu do Ouro, em Sabará, Minas Gerais. Foto de 2020. Por volta de 1750, funcionava nessa construção a Casa de Fundição de Sabará. Nesse lugar, o ouro encontrado na região era transformado em barras.

A mineração e as vilas

Além do cultivo da cana e da produção de açúcar, outra atividade econômica contribuiu para formar novas vilas no Brasil: a mineração.

Por volta de 1700, foram descobertas minas de ouro e de pedras preciosas no território do atual estado de Minas Gerais. A notícia se espalhou, e muitas pessoas de outras áreas do Brasil e até de Portugal foram para lá.

Havia poucas casas nos primeiros povoados. Depois, eles foram crescendo, até se tornarem vilas. As principais vilas das regiões das minas foram Vila Rica (atual Ouro Preto), Ribeirão do Carmo (atual Mariana), Vila Real (atual Sabará), São José del Rei (atual Tiradentes), Arraial do Tijuco (atual Diamantina) e Vila do Príncipe (atual Serro).

Alguns anos mais tarde, foram descobertas minas em regiões dos atuais estados de Mato Grosso, Goiás e Bahia. Então, outras vilas se formaram também nessas regiões.

Brasil: Áreas de mineração – 1701 a 1800

Fonte de pesquisa: Cláudio Vicentino. *Atlas histórico geral e do Brasil*. São Paulo: Scipione, 2011. p. 102.

1 Observe o mapa e responda às questões.

a. O que representam as partes assinaladas com ☐?

b. Hoje, em quais estados estariam localizadas as minas indicadas nos mapas?

c. No estado onde você mora, houve mineração nessa época?

A caminho das minas, outras vilas

Na região das minas, a maior parte dos moradores dedicava-se à exploração de ouro e pedras preciosas. O trabalho mais pesado da extração do ouro era comumente realizado por pessoas escravizadas. Poucas pessoas cultivavam alimentos e criavam animais para abastecer as vilas, pois a atividade mineradora era mais lucrativa.

Muitos produtos de que os moradores necessitavam eram trazidos por tropeiros – grupos de comerciantes que conduziam gado e tropas de mulas ou burros transportando mercadorias, como ferro, trigo, sal, azeite, algodão, açúcar e remédios.

As tropas tinham de vinte a cinquenta mulas ou burros e percorriam estradas de terra estreitas. Muitos dos lugares onde os tropeiros descansavam deram origem a cidades. Sorocaba, no estado de São Paulo, e Ponta Grossa, no Paraná, são alguns exemplos. Surgiram cidades também em Minas Gerais e Goiás.

Revista Oceanos, Casa de Portugal, São Paulo. Fotografia ID/BR

▲ Maximiliano de Wied- -Neuwied. *Tropeiros da capitania de Minas Gerais conduzindo carregamento*, cerca de 1815. Gravura.

Capitania: divisão das terras coloniais que eram administradas por um donatário.

2 Observe a gravura e leia a legenda. Quais elementos da imagem indicam que se trata de tropeiros?

3 Responda às questões a seguir.

a. Qual era a principal atividade comercial realizada pelos moradores da região das minas?

b. Por que os moradores das regiões mineradoras não produziam aquilo de que necessitavam? Explique.

c. Em sua opinião, as atividades dos tropeiros foram importantes para os moradores das vilas mineiras? Por quê?

Riqueza nas vilas

Com a exploração de ouro e de pedras preciosas, as regiões das minas acumularam grande riqueza. Nas vilas, foram construídos prédios públicos, casarões, lojas e igrejas.

Mas nem todas as pessoas se beneficiavam da riqueza das vilas: lá viviam também as pessoas escravizadas, que trabalhavam nas minas, e muitas pessoas livres pobres.

A arte nas vilas mineradoras

Nas vilas mineradoras, foi construído um importante conjunto de obras artísticas. A maioria dessas obras se destaca por seu aspecto monumental e pela riqueza dos detalhes. Veja um exemplo.

▲ Antônio Francisco Lisboa (o Aleijadinho). *Ceia*, 1796. Esculturas. A obra fica no santuário Bom Jesus de Matosinhos, em Congonhas, Minas Gerais. Foto de 2019.

1. Você conhece outras obras de Aleijadinho? Quais?

2. Com a ajuda de um familiar, pesquise imagens de obras de arte de Aleijadinho. A pesquisa pode ser feita em livros, revistas e jornais, impressos ou digitais. Lembrem-se de anotar o nome das obras pesquisadas. Na data combinada, mostre suas descobertas para a turma.

Para explorar

Cadê a água do mestre Aleijadinho?, de Fernando A. Pires. Editora Formato, 2014.

Saiba mais sobre a vida e a obra do artista Antônio Francisco Lisboa por meio das aventuras da personagem José Filismino, um garoto que faz várias descobertas artísticas em Minas Gerais.

Do ouro ao turismo

Por volta de 1760, a mineração começou a diminuir em razão do **esgotamento das minas**.

Atualmente, a maioria dos municípios localizados nas antigas regiões das minas não vive mais do ouro. No entanto, as ruas estreitas, as igrejas ricamente decoradas, os grandes casarões e as casas com janelas e portas coloridas preservam parte desse período histórico. As antigas vilas tornaram-se **cidades turísticas**.

Veja, nas fotos, algumas atividades turísticas nessas cidades.

Turistas visitam a praça Tiradentes, em Ouro Preto, Minas Gerais, e observam a arquitetura do local. Foto de 2018. ▶

◀ Turista praticando trilha em São Roque de Minas, Minas Gerais. Foto de 2020. Atualmente, as rotas coloniais são usadas para o **turismo ecológico**.

Turismo ecológico: atividade turística com o objetivo de admirar e estudar a natureza, sem causar danos; promove o cuidado com o meio ambiente e o respeito pela população local.

3 As cidades turísticas das regiões das minas preservam construções que contam a história do período colonial. Quais são essas construções? Anote no caderno.

4 Você já visitou alguma cidade histórica? Como foi? Caso não tenha visitado, qual cidade histórica você gostaria de conhecer?

As artesãs do vale do Jequitinhonha

Como você viu, hoje a mineração não é mais a principal atividade econômica em Minas Gerais. O artesanato desenvolvido pelas artesãs do vale do Jequitinhonha, no norte de Minas Gerais, é um exemplo disso.

Formada por 75 municípios, a região passa por secas frequentes. No passado, muitos homens do local, em busca de melhores condições de vida, iam trabalhar em lugares distantes e não voltavam para suas famílias.

As mulheres da região, que ficaram conhecidas como "viúvas da seca", enfrentaram a situação utilizando seus conhecimentos na produção de objetos de cerâmica, como vasos e pratos. No início, as peças eram trocadas por alimentos e só depois começaram a ser vendidas.

Minas Gerais: Vale do Jequitinhonha – 2020

João Miguel A. Moreira/ID/BR

Legenda
- Vale do Jequitinhonha
- Limite de estado

Fonte de pesquisa: Portal Polo Jequitinhonha – Universidade Federal de Minas Gerais (UFMG). Disponível em: https://www.ufmg.br/polojequitinhonha/o-vale/sobre-o-vale-do-jequitinhonha/. Acesso em: 2 abr. 2021.

Peças produzidas no vale do Jequitinhonha por artesãs da comunidade rural de Campo Buriti, em Turmalina, Minas Gerais. Foto de 2018. ▶

Luciana Whitaker/Pulsar Imagens

Isso garantiu o sustento das famílias e a melhora da situação econômica da comunidade. Com o tempo, as artesãs também passaram a confeccionar objetos de decoração e bonecas, que são as peças mais famosas. A partir de 1970, elas começaram a se organizar em grupos e associações para compartilhar seus conhecimentos e comercializar as peças.

Hoje, o vale do Jequitinhonha é conhecido por sua riqueza cultural, e suas feiras de artesanato atraem centenas de turistas.

Chico Ferreira/Pulsar Imagens

Andreia Andrade aprendeu a fazer as bonecas de cerâmica com sua avó, uma mulher que fez parte da primeira geração de artesãs do vale do Jequitinhonha. Foto de 2018. ▶

Luciana Whitaker/Pulsar Imagens

Assim como a maioria das artesãs do vale do Jequitinhonha, Maria José Gomes da Silva divide a oficina de trabalho com outras artesãs de sua comunidade, em Turmalina, Minas Gerais. ◀ Foto de 2018.

1 Em sua opinião, o artesanato é importante para a comunidade do vale do Jequitinhonha? Por quê?

2 As bonecas produzidas no vale são semelhantes às que você conhece ou são diferentes?

1 Observe a foto. Ela mostra uma parte da igreja matriz de Nossa Senhora do Pilar, em Ouro Preto, Minas Gerais.

▲ Interior da igreja matriz de Nossa Senhora do Pilar, em Ouro Preto, Minas Gerais. Foto de 2019.

- Essa igreja e muitas outras, localizadas em cidades históricas brasileiras, são decoradas com ouro. Explique por que isso ocorre.

_____

_____

2 Observem a imagem e respondam às questões.

a. Qual atividade econômica foi representada na gravura?

_____

_____

b. A partir de quando ela começou a ser praticada no Brasil?

_____

_____

▲ Johann Moritz Rugendas. Detalhe da obra _Lavagem de ouro perto do morro Itacolomi_, 1827. Gravura.

c. Essa gravura é da mesma época em que tiveram início as atividades de mineração? Expliquem.

3 Leia o texto a seguir e depois faça o que se pede.

> Na Vila do Carmo [...] o povoado constituía-se de simples **ranchos** de **pau a pique**, havendo um único sobrado com cobertura de telhas – chamado pomposamente de "palácio" por servir de residência ao governador.
>
> **Rancho:** moradia simples, semelhante a uma cabana.
> **Pau a pique:** técnica de construção que usa madeira e barro.
>
> Cláudia Damasceno Fonseca. Embates mineiros. *Revista de História da Biblioteca Nacional*, p. 29, 3 jun. 2011.

a. Qual é o nome atual da antiga Vila do Carmo, citada no texto?

_____

b. Com a ajuda de um familiar, pesquise fotos atuais desse município, especialmente do centro histórico. Compare as imagens. As construções preservadas comprovam ou contradizem o texto? Comente com a turma.

4 Você estudou que, no município de Ouro Preto, há várias construções históricas protegidas por lei. Observe a foto.

Marcos Amend/Pulsar Imagens

◀ Ruína histórica no Parque Estadual do Itacolomi, em Ouro Preto, Minas Gerais. Foto de 2018.

a. Qual era o estado de conservação dessa construção em 2018?

☐ bom   ☐ ótimo   ☐ ruim

b. Em sua opinião, esse estado é adequado a uma construção declarada patrimônio cultural? Comente com a turma.

Saber Ser

As capitais do Brasil

A maioria das cidades do Brasil se formou em função de uma atividade econômica que atraía pessoas. Porém, algumas cidades foram construídas de uma só vez, de acordo com um projeto.

Um exemplo disso é Brasília, atual capital do Brasil.

Para começo de conversa

1. A foto mostra algumas construções de Brasília. Você mora ou já morou nessa cidade? Ou já a visitou? Comente.

2. Você sabe o que é uma capital? Se souber, explique o que é.

3. A construção ao centro da foto é o Congresso Nacional, onde são votadas as leis do Brasil. Em sua opinião, é importante um país ter leis? Por quê?

Saber Ser

O Congresso Nacional (ao centro), o Palácio do Planalto (no fundo, à esquerda) e o Supremo Tribunal Federal (no fundo, à direita), em Brasília, Distrito Federal, são importantes centros da administração do Brasil. Foto de 2019.

Salvador: a primeira capital

A atual **capital** do Brasil é Brasília. Ela fica na área central do território brasileiro. Mas o país já teve outras duas capitais: Salvador e Rio de Janeiro.

Nos capítulos anteriores, você estudou alguns processos de formação das primeiras vilas nos territórios que hoje formam o Brasil. Para dar continuidade à colonização, em 1549, o rei de Portugal enviou Tomé de Sousa ao Brasil para governar a colônia. Tomé de Sousa fundou a cidade de Salvador para ser a capital do Brasil. O local foi escolhido porque era próximo da área onde se cultivava cana e se produzia açúcar. Todos os que viviam nas vilas e nas cidades eram governados pela Coroa portuguesa.

Brasil: Salvador, Rio de Janeiro e Brasília – 2018

Fonte de pesquisa: *Atlas geográfico escolar*. Rio de Janeiro: IBGE, 2018. p. 90.

Cerca de mil pessoas vieram de Portugal com Tomé de Sousa. Foram construídas fortificações para proteger a cidade. Ergueram-se também a casa da Câmara e a cadeia, o colégio dos jesuítas e várias casas de comércio e moradias.

O forte de Santo Antônio da Barra, em Salvador, Bahia, foi construído na mesma época em que foram erguidas as primeiras casas da cidade. Foto de 2020. ▶

1 Escolha as palavras que completam corretamente cada frase.

açúcar	algodão	Recife	Salvador

a. _____ foi a primeira capital do Brasil.

b. A primeira capital do Brasil ficava próxima da região onde se

produzia o _____.

Registros

Igrejas

Ao estudar a história das primeiras cidades brasileiras, você viu fotos de várias construções, entre elas de algumas igrejas.

Se observarmos a arquitetura de uma igreja antiga, sua decoração, os objetos usados nas cerimônias, entre outros elementos, podemos conhecer um pouco da vida naquele período: o quanto a cidade era rica, quem frequentava a igreja, os artistas que trabalharam nela, etc.

Além disso, os registros de casamento e de batismo realizados nas igrejas trazem informações sobre as pessoas da região: quando nasceram, nome dos pais, quando e com quem se casaram.

▲Interior da igreja de São Francisco, em Salvador, Bahia. Foto de 2018.

1 Na época em que o Brasil era colônia de Portugal, foram construídas muitas igrejas. Qual era a importância das igrejas nessa época? Levante hipóteses com os colegas.

2 Existem igrejas do período colonial no município ou no estado onde você mora? Faça uma pesquisa sobre o tema, com a ajuda de um adulto que mora com você. Em uma data combinada, compartilhe suas descobertas com a turma.

Rio de Janeiro: a capital em novo endereço

A mineração de ouro e pedras preciosas, a partir de 1700, trazia grandes lucros para os mineradores. A Coroa portuguesa também lucrava com isso, pois ficava com uma parte de tudo que era extraído. Essa parte é chamada de **imposto**.

Para controlar o recolhimento dos impostos (e evitar que mineradores deixassem de pagá-los), a Coroa adotou várias medidas. Uma delas foi a transferência da capital de Salvador para o Rio de Janeiro, em 1763. Isso foi feito porque a cidade do Rio de Janeiro estava mais próxima da Estrada Real, o caminho oficial pelo qual todo o ouro extraído da região das minas deveria passar.

A transferência da capital para o Rio de Janeiro foi, aos poucos, transformando o modo de vida dos moradores e a paisagem da cidade.

Além disso, em 1808, o rei português, sua família e os funcionários da Corte se transferiram de Portugal para o Rio de Janeiro, acelerando ainda mais as transformações da cidade.

Fonte de pesquisa: Cláudio Vicentino. *Atlas histórico geral e do Brasil*. São Paulo: Scipione, 2011. p. 102.

Corte: grupo de pessoas que acompanham o rei, prestando serviços ou não.

1 Observe o mapa e responda às questões no caderno.

   a. As cidades de Salvador e do Rio de Janeiro estão localizadas no interior ou no litoral?

   b. A localização da capital era importante para o governo português. Por que, então, o governo português resolveu mudar a capital de Salvador para o Rio de Janeiro?

   c. Que mudanças você acha que ocorreram na cidade do Rio de Janeiro ao se tornar capital da colônia e, depois, acomodar a Corte portuguesa? Com a ajuda de um adulto de sua família, escreva uma frase sobre suas hipóteses.

Brasília: a atual capital do Brasil

No fim da década de 1950, o governo brasileiro decidiu mudar a capital para o centro do país. O objetivo da mudança era ocupar as áreas do interior e promover a **integração** do território.

> **Integração:** união de áreas de difícil acesso por meio de comunicação, transporte, comércio, entre outros serviços.

Operários trabalhando na construção de Brasília.
◀ Foto de 1960.

Os arquitetos Oscar Niemeyer e Lúcio Costa projetaram a nova capital. As construções, as ruas e os bairros não foram criados conforme as pessoas chegavam, mas de acordo com um plano.

A cidade planejada levou 41 meses para ser construída. Cerca de 30 mil trabalhadores, apelidados de candangos, vindos de muitos estados do Brasil, revezaram-se dia e noite nas obras.

A inauguração da nova capital ocorreu em 21 de abril de 1960.

Bruno Giorgi. *Os guerreiros*, 1959. Escultura. A obra, popularmente conhecida como *Os candangos*, está localizada na praça dos Três Poderes, em Brasília, Distrito Federal. Foto de 2019. ▶

1 Explique, com suas palavras, o que é uma cidade planejada.

1 Com cuidado, destaque os cartões da página 145 e cole-os nos espaços a seguir, de acordo com a capital a qual se referem.

Salvador	Rio de Janeiro	Brasília

2 Observe as fotos, leia as legendas e responda às questões.

▲ Rua no bairro Graça, em Lisboa, Portugal. Foto de 2019.

Alamy/Fotoarena

▲ Rua no bairro Santa Teresa, no município do Rio de Janeiro. Foto de 2019.

José Lucena/Futura Press

a. Que lugar a foto **A** mostra? E a foto **B**?

b. Os prédios que aparecem nas fotos apresentam algumas semelhanças. Identifique-as.

c. Considerando o que foi estudado neste capítulo, por que existem essas semelhanças?

3 Leia o texto a seguir em voz alta com a turma. Depois, conversem sobre a questão proposta.

> Demetrius trabalhava pelo menos 10 horas por dia; Geraldo, umas 15; Claudionor, de 18 a 20. A carga horária assusta, mas, para quem trabalhou na construção de Brasília, essa era a regra. [...]
>
> Os trabalhadores saíam de suas cidades com uma mala e pouquíssimo dinheiro. Os alojamentos tinham pouca infraestrutura [...]. Isso era amortecido pela esperança que os operários tinham de criar uma nova capital onde houvesse justiça e igualdade. [...]
>
> Vivi Fernandes de Lima e Adriano Belisário. Pioneiros da capital. *Revista de História da Biblioteca Nacional*, n. 55, p. 46, abr. 2010.

- O texto aborda a condição de vida dos trabalhadores que construíram Brasília. Você acha que essas condições eram adequadas para trabalhar? Explique.

4 Forme grupo com três colegas. Escolham uma das três capitais do Brasil para montar um cartaz sobre ela.

- Anotem, no caderno o nome da capital escolhida. Com a orientação do professor, providenciem uma cartolina para ser a base do cartaz. Vocês também vão precisar de cola, tesoura de pontas arredondadas, canetas e lápis de cor.

- Pesquisem em livros, jornais e revistas, impressos ou digitais, imagens do passado e do presente da capital escolhida. Selecionem as imagens que serão coladas no cartaz.

- Escrevam o nome da capital no topo da cartolina.

- Colem as imagens escolhidas no cartaz e lembrem-se de anotar as fontes de onde elas foram retiradas e as datas. Por exemplo: *Jornal do Povo*, 1952.

- Por fim, afixem os cartazes na sala de aula.

Carlitos Pinheiro/ID/BR

Alf Ribeiro/Shutterstock.com/ID/BR

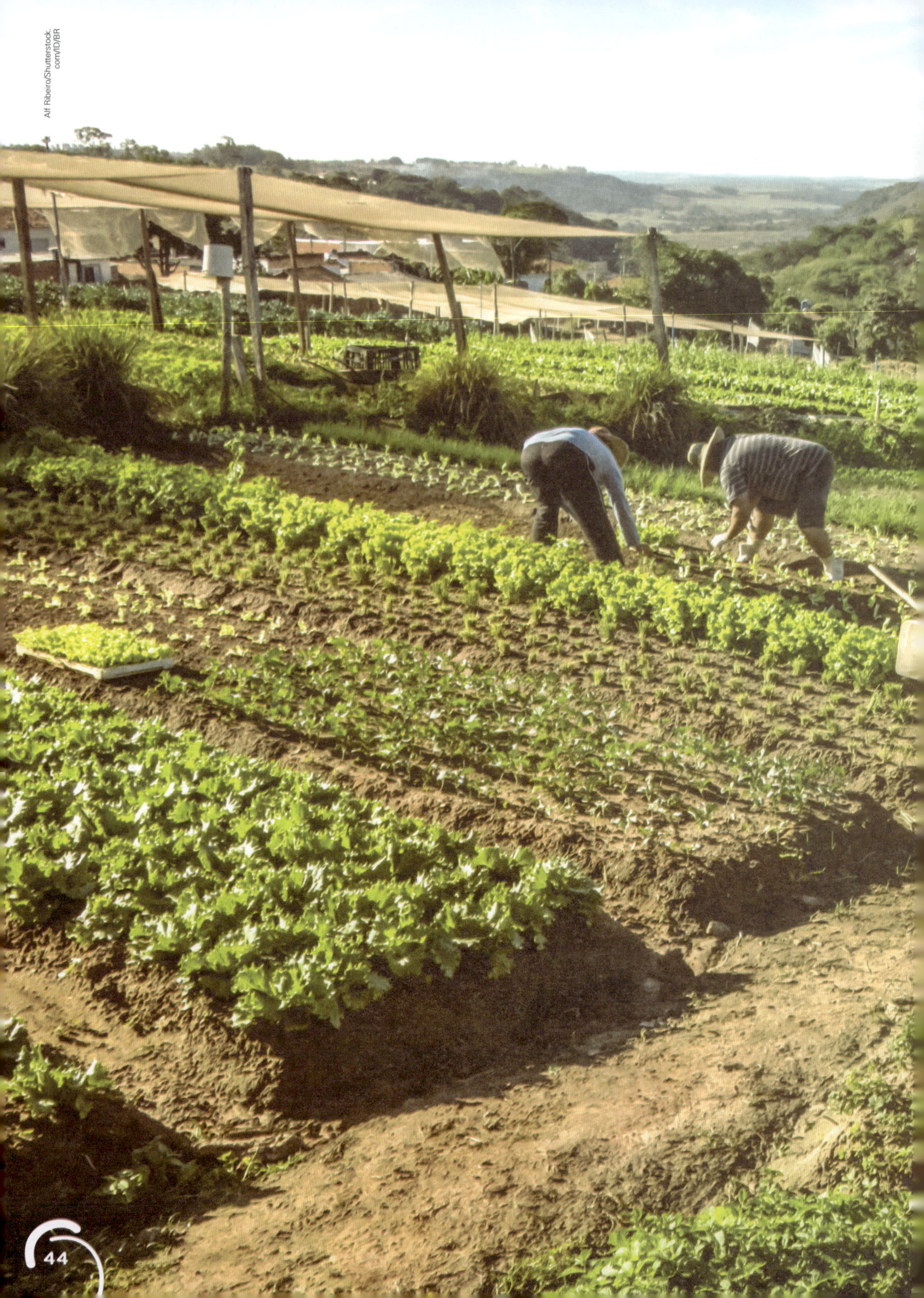

4

Município: campo e cidade

A vida no campo e a vida na cidade são bem diferentes.

No entanto, as atividades do campo têm forte ligação com as atividades da cidade, e vice-versa.

Para começo de conversa

1. O local retratado na foto fica no campo ou na cidade? Que elementos da foto você utilizou para chegar a essa conclusão?

2. Em sua opinião, que diferenças existem entre o modo de vida no campo e o modo de vida na cidade? O seu cotidiano é mais próximo da realidade do campo ou da cidade?

3. Se você pudesse escolher, moraria no campo ou na cidade? Por quê?

Saber Ser

◀ Família cultivando horta no município de Marília, São Paulo. Foto de 2019.

A organização do município

O município é o primeiro nível da administração pública do Brasil. Cada município faz parte de um dos 26 estados que formam o nosso país, com exceção do Distrito Federal.

Tanto a área urbana quanto a área rural devem ser atendidas pelo governo municipal. Para auxiliar na localização e na administração dessas áreas, geralmente os municípios são organizados em bairros.

Em municípios muito grandes, os bairros são agrupados em unidades administrativas, como subprefeituras e distritos. O mapa desta página mostra um município onde os bairros foram agrupados em regionais administrativas.

Curitiba (Paraná): Divisão administrativa – 2020

João Miguel A. Moreira/ID/BR

Fonte de pesquisa: Instituto de Pesquisa e Planejamento Urbano de Curitiba (Ippuc). Disponível em: https://www.curitiba.pr.gov.br/noticias/prefeitura-muda-limites-das-regionais-santa-felicidade-portao-boa-vista-e-cajuru/47322. Acesso em: 9 jun. 2021.

1 Qual município está representado no mapa?

_____

2 Em quantas regionais administrativas esse município está dividido?

_____

3 O município onde você mora é organizado em bairros? Os bairros são agrupados em outras unidades administrativas? Para descobrir, faça uma pesquisa com a ajuda do adulto que cuida de você. Anote, no caderno, os nomes do bairro, da unidade administrativa ou de outra forma de organização a qual a sua moradia pertence.

Os municípios do Brasil

Muitas vezes, a palavra **cidade** é usada como sinônimo de **município**, mas essas palavras não têm o mesmo significado. O município compreende tanto a área urbana, que é a cidade, quanto a área rural, que é o campo. Em 2020, de acordo com o Instituto Brasileiro de Geografia e Estatística (IBGE), havia 5 568 municípios no Brasil. A população brasileira está distribuída nesses municípios.

A tabela a seguir apresenta a quantidade de habitantes das áreas rurais e das áreas urbanas de três municípios do estado de Sergipe.

Município de Sergipe	População urbana estimada (2013)	População rural estimada (2013)
Cristinápolis	8 336	8 183
Laranjeiras	21 258	5 645
Pacatuba	2 688	10 449

Fonte de pesquisa: Cidades@ – IBGE. Disponível em: https://cidades.ibge.gov.br/. Acesso em: 31 mar. 2021.

4 De acordo com os dados da tabela, em qual dos municípios:

a. a população urbana é maior do que a população rural?

_____

b. a população rural é maior do que a população urbana?

_____

c. a população urbana e a população rural são formadas por quantidades parecidas de habitantes?

_____

5 Responda no caderno, com um familiar:

a. Em seu município, há mais habitantes no campo ou na cidade?

b. Você e sua família moram na área urbana ou na área rural?

Para explorar

Cidades@ – IBGE
Disponível em: https://cidades.ibge.gov.br/. Acesso em: 31 mar. 2021.
Nesse *site* do IBGE, você encontra informações específicas sobre todos os municípios do Brasil, inclusive dados sobre as populações urbana e rural de cada município.

Tabela

Como você viu, a tabela é uma forma de organizar informações sobre determinado assunto. Ela pode ajudar a compreender, por exemplo, a organização dos municípios no Brasil durante um período. Vamos lá?

A partir de 1900, muitos distritos, que faziam parte dos municípios, começaram a se tornar **autônomos** e se **emanciparam** com o passar do tempo, dando origem a novos municípios.

Observe a tabela.

Brasil: Municípios - 1900 a 2020	
Ano	Número de municípios
1900	1121
1920	1304
1933	1363
1940	1574
1950	1890
1960	2766
1970	3953
1980	3991
1991	4491
2000	5507
2010	5565
2020	5568

Autônomo: no texto, independente do governo municipal.

Emancipar: no texto, quando o distrito se torna um novo município.

Fontes de pesquisa: *Evolução da divisão territorial do Brasil 1872-2010*. Rio de Janeiro: IBGE, 2011; IBGE atualiza dados geográficos de estados e municípios brasileiros. *Agência IBGE notícias*, 1º mar. 2020. Disponível em: https://agenciadenoticias.ibge.gov.br/agencia-sala-de-imprensa/2013-agencia-de-noticias/releases/30132-ibge-atualiza-dados-geograficos-de-estados-e-municipios-brasileiros-2020. Acesso em: 31 mar. 2021.

1 Contorne de **vermelho** a referência dos documentos dos quais os dados foram retirados para montar a tabela.

2 De 1900 a 2020, quantos novos municípios foram fundados?

_____

_____

_____

_____

3 Em que ano o município onde você mora foi criado? Com a ajuda de um familiar, pesquise essa informação e anote-a no caderno. Se o ano estiver indicado na tabela, contorne-o de **laranja** e responda: Quantos municípios foram criados nesse mesmo ano? Também faça o registro no caderno.

A cidade

Atualmente, a maior parte da população brasileira vive nas cidades. Mas nem sempre foi assim. A partir da década de 1960, houve um aumento na quantidade de indústrias nas cidades do Brasil. Isso atraiu moradores do campo que buscavam melhores condições de vida. Conforme a população urbana aumentava, crescia também a quantidade de moradias e de serviços oferecidos. Esse processo resultou nas características das cidades que conhecemos hoje.

Além de concentrar as atividades industriais e comerciais, as cidades também abrigam os órgãos responsáveis pelo governo de cada município. A seguir, conheça os dois principais órgãos políticos de um município.

- **Câmara Municipal**: órgão responsável pela elaboração das leis do município, pela fiscalização do governo do prefeito e pela aprovação dos projetos da prefeitura. Nela, trabalham os vereadores, que são eleitos pelos moradores.

- **Prefeitura**: responsável pela administração do município. Nela, trabalham o prefeito, o vice-prefeito, os secretários, entre outros funcionários. O prefeito é eleito pelos moradores do município e nomeia os secretários. Cada secretário cuida de um setor específico, como educação, saúde, cultura, etc.

Zé Paiva/Pulsar Imagens

Fachada da Câmara Municipal de Blumenau, em Santa Catarina. Foto de 2019.

6 Com a ajuda de um familiar, pesquise o endereço da Prefeitura e o endereço da Câmara do município onde você mora. Anote-os no caderno.

7 Em sua opinião, esses órgãos são importantes para o município? Por quê?

Saber Ser

O campo

No campo, as propriedades tendem a ser maiores do que nas cidades. É comum que as famílias morem em sítios, chácaras e fazendas. As atividades cotidianas também são um pouco diferentes daquelas feitas nas cidades.

O relato a seguir conta um pouco desse dia a dia. Leia-o com os colegas da turma.

Nasci e me criei aqui no sítio mesmo. A minha infância era muito boa [...]. Brincava tudo em volta de casa. [...] Casa grande, que morava meu pai, minha mãe, meu tio, minha tia, meu vô, minha avó, moravam tudo junto ali. [...] Sempre gostava, mesmo, era de um carrinhozinho, um carrinho de plástico, aí ia empurrando no terreiro, fazendo rastrinho na poeira. [...] O [...] meu vô ia pra cidade fazer um negócio, vendia um queijinho, vendia verdura, e ia de carrocinha [...]. [...] Na época, tinha umas vaquinhas, tirava um leitinho [...].

Eu vinha da escola, fazia a lição, aí, eu fazia uma coisinha, regava uma hortinha [...].

Relato de Augusto Blaschi Neto. Museu da Pessoa, em 1º nov. 2014. Disponível em: https://acervo.museudapessoa.org/pt/conteudo/historia/nascido-e-criado-no-sitio-96020/colecao/96545. Acesso em: 31 mar. 2021.

Bruna Ishihara/ID/BR

8 Após ler o relato de Augusto Blaschi Neto, responda: Ele está contando memórias de qual fase da vida dele? Marque com um **X**.

☐ infância ☐ adolescência ☐ fase adulta ☐ velhice

9 Sublinhe, no texto, as seguintes informações, de acordo com as cores a seguir.

⚡ Tipo de propriedade onde Augusto morava.

⚡ Brinquedo favorito.

⚡ Trabalhos realizados por adultos.

⚡ Atividades realizadas por Augusto.

Produzindo alimentos

As atividades desenvolvidas no campo sempre foram muito importantes para a economia do Brasil. Durante séculos, a economia do nosso país dependeu das lavouras de cana-de-açúcar e, depois, de café.

Muitos alimentos que consumimos atualmente vêm do trabalho no campo. Veja alguns deles:

- verduras, legumes e frutas;

▲ Em hortas, pomares e roças, há a plantação de diversos vegetais. Na foto, de 2020, plantação de hortaliças em Garopaba, Santa Catarina.

- grãos e cereais;

▲ Os grãos e os cereais, como arroz, trigo, ervilha, etc., também são plantados nas roças. Na foto, de 2020, plantação de feijão em Cornélio Procópio, Paraná.

- leite e seus derivados;

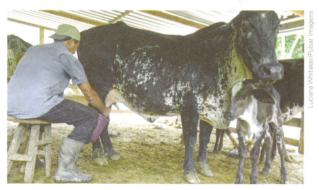

▲ Queijos, iogurtes e manteigas são exemplos de alimentos derivados do leite. Na foto, de 2018, ordenha de vaca em Açucena, Minas Gerais.

- carnes.

▲ A carne consumida durante as refeições tem sua origem na criação de animais para o abate. Na foto, de 2019, criação de suínos em Carambeí, Paraná.

10 Você sabe a origem dos alimentos que você e sua família consomem? Vocês costumam cultivar os próprios alimentos, compram em estabelecimentos ou diretamente de agricultores? Você acha importante saber a origem dos alimentos? Explique.

Saber Ser

Aprender sempre

1 Como é a área rural do município onde você vive? E a área urbana? Com a orientação do professor, em uma folha avulsa de papel, faça dois desenhos representando as duas áreas.

2 Vocês sabem quem são o prefeito e o vice-prefeito de seu município? E os vereadores? E os secretários? Para descobrir, sigam as etapas:

- Copiem os quadros a seguir no caderno.

Prefeitura		Câmara Municipal	
		Vereadores	
Prefeito			
Vice--prefeito			
Secretários	Nome da secretaria		

- Pesquisem, nos *sites* da Prefeitura e da Câmara Municipal, as informações para preencher os quadros. Também é possível encontrar esses dados em publicações do governo, como o *Diário Oficial*.

Carlitos Pinheiro/ID/BR

- Ao preencher as informações sobre os secretários, anotem também os nomes das secretarias pelas quais eles são responsáveis.

- Preencham o quadro "Câmara Municipal" com os nomes dos vereadores. Se for necessário, aumentem ou diminuam o número de linhas dos quadros.

- Compartilhem os resultados da pesquisa com os colegas.

3 O texto a seguir conta um pouco sobre a criação do município de Brejetuba, Espírito Santo. Leia-o e observe a imagem.

Com a criação do município de Afonso Cláudio em 20 de novembro de 1890, a vila ainda chamada de Brejaúba passou a integrar o município recém-criado. [...]

Pela lei estadual n. 1 739, de 11 de janeiro de 1930, é criado o distrito de Brejaúba [...]. Em 31 de dezembro de 1943 [...], o distrito de Brejaúba passou a se chamar Brejetuba. [...] Com a expansão da lavoura cafeeira [...], a pequena vila se desenvolveu, tornando-se um dos principais produtores de café do Estado, [e] o distrito de Brejetuba inicia a luta pela sua emancipação.

[...] em 15 de dezembro de 1995, Brejetuba se desmembrou do município de Afonso Cláudio, juntamente com o distrito de São Jorge [...], nasceu assim a cidade de Brejetuba. [...]

História. Prefeitura Municipal de Brejetuba. Disponível em: https://www.brejetuba.es.gov.br/pagina/ler/1000/historia. Acesso em: 17 maio 2021.

Vista do município de Brejetuba, Espírito Santo. Foto de 2016. ▶

Gabriel Lordéllo/Mosaico Imagens/UR Imagens

a. Complete a linha do tempo com informações sobre a história de Brejetuba.

Representação sem proporção de escala temporal.

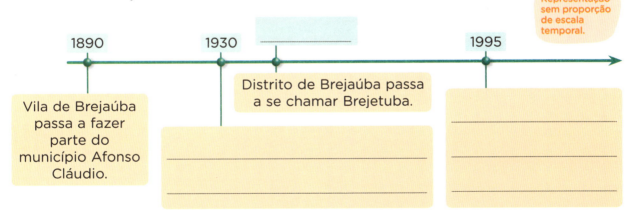

1890 — Vila de Brejaúba passa a fazer parte do município Afonso Cláudio.

1930 — _____

_____ — Distrito de Brejaúba passa a se chamar Brejetuba.

1995 — _____

b. Que atividade econômica proporcionou o crescimento da vila que deu origem a Brejetuba? Essa atividade é urbana ou rural?

c. Observe a foto. Aparentemente, há mais elementos rurais ou urbanos?

O crescimento das cidades

Atualmente, as áreas urbanas dos municípios brasileiros são bem diferentes das primeiras vilas fundadas quando o Brasil ainda era colônia de Portugal.

Para começo de conversa

1. A fortaleza de São José de Macapá é um vestígio do passado ou do presente do município? Explique.

2. Destaque as peças da página 147 e monte uma miniatura inspirada nessa fortaleza. Levante hipóteses sobre como as fortalezas eram usadas no passado e por que elas eram construídas nesse tipo de local.

3. Aparentemente, em Macapá, moram poucas pessoas ou muitas pessoas? Como as pessoas que vivem em cidades populosas podem colaborar para que haja um bom convívio entre todos?

Saber Ser

◀ Vista aérea do município de Macapá, no Amapá. Nela, é possível identificar a fortaleza de São José de Macapá, inaugurada em 1782. Foto de 2018.

As cidades e o comércio

Hoje, nas cidades, há inúmeros estabelecimentos comerciais: livrarias, papelarias, açougues, padarias, farmácias, supermercados. Há, ainda, os estabelecimentos que prestam serviços variados, como bancos, hospitais, cinemas. Entre os trabalhadores, há vendedores, pedreiros, farmacêuticos, enfermeiros, médicos, cabeleireiros, entre outros.

E no passado? Você sabe como eram o comércio e os serviços nas primeiras cidades brasileiras?

Coleção particular. Fotografia: ID/BR

▲ Johann Moritz Rugendas. *Venda em Recife*, 1830. Gravura.

1 **Observe a imagem e responda às questões.**

a. Quem é o autor da gravura? Quando ela foi feita?

_____

b. O que as pessoas retratadas estão fazendo?

c. Quais trabalhadores podem ser identificados na imagem?

_____

_____

2 Agora, imagine que você está visitando o local retratado por Rugendas, na mesma época em que ele fez essa gravura. Com quais pessoas da imagem você falaria? O que você estaria fazendo? Por quê?

Como se vendia e se comprava

Nas primeiras cidades do Brasil, o comércio era feito sobretudo por vendedores ambulantes. Eles vendiam lenha, carvão, leite, pão, aves, vassouras e muitos outros produtos.

Boa parte desses vendedores eram os escravos de ganho, que vendiam as mercadorias, mas precisavam pagar uma parte dos rendimentos para seus senhores.

Com o crescimento das cidades, houve aumento do número de estabelecimentos comerciais, como empórios, lojas de roupas e de calçados, quitandas, padarias, peixarias, farmácias, entre outros.

▲ Joaquim Lopes Barros. *Preto vendendo hortaliças*, 1840. Gravura.

▲ Marc Ferrez. *Verdureiro*. Foto de 1895.

▲ Vendedor ambulante em São Luís, Maranhão. Foto de 2019.

3 Observe as imagens desta página e responda às questões no caderno.

a. Qual é a imagem mais antiga? Quando ela foi feita?

b. Compare a imagem mais antiga com as imagens mais recentes. Depois, anote as semelhanças e as diferenças que podem ser percebidas entre elas.

4 Você conhece vendedores ambulantes? Você e sua família costumam comprar produtos desses vendedores? Em caso afirmativo, o que vocês compram? Onde vocês costumam encontrá-los?

As cidades e as indústrias

Há pouco mais de cem anos, houve um grande desenvolvimento das cidades, principalmente do Rio de Janeiro e de São Paulo. Isso aconteceu porque os fazendeiros investiam nessas cidades o dinheiro que ganhavam principalmente com a produção e a venda do café.

Boa parte desses investimentos foi aplicada na instalação de indústrias nas cidades. Essas indústrias fabricavam principalmente tecidos, roupas, calçados e alimentos (farinha, macarrão, doces, queijos, entre outros).

À medida que as fábricas eram instaladas, crescia o número de trabalhadores que iam do campo para a cidade em busca de emprego. A falta de moradia, então, tornou-se um problema.

Os valores para comprar ou para alugar **imóveis** subiram bastante, e a maior parte da população era de trabalhadores que não possuíam muitos recursos financeiros. Aos poucos, surgiram nas cidades diferentes tipos de moradia popular, como as vilas operárias e os cortiços.

CPDOC/FGV, Rio de Janeiro

▲ Trabalhadores na Fábrica Santana da Companhia Nacional de Tecidos de Juta, no município de São Paulo. Foto de 1931.

Imóvel: casa, edifício, prédio ou terreno.

1 Responda às questões a seguir.

a. Na foto desta página, qual tipo de fábrica está retratado?

_____

b. Quem eram os trabalhadores dessa fábrica?

_____

c. No município onde você vive, há moradias que foram construídas para receber os trabalhadores e as famílias deles? Faça uma pesquisa sobre o tema e depois compartilhe as descobertas com a turma.

Relato oral e anúncio publicitário

Além dos trabalhadores do campo, muitos imigrantes se dirigiram para as cidades. O relato a seguir apresenta a história de um imigrante. Veja também um anúncio da indústria onde ele trabalhava.

Eu me chamo Consolato Laganá, nasci num lugarejo pequeno [...] em 23 de fevereiro de 1904. Era na Decollatura, província de Catanzaro, Itália. [...]

Cheguei aqui no Brasil em 22 de fevereiro de 1922. [...]

[...] quando chegamos a uma fazenda que chama Nova Louzó, [...] veio o senhor com o cavalo e foi mostrando o que nós tínhamos que fazer. Deram uma enxada para cada um, pegamos o café, começamos a trabalhar. Ficamos lá quatro meses. [...]

Meu pai achou que não gostava da fazenda. [...]. Viemos a São Paulo.

[...] Arranjei emprego numa fábrica de tecidos do Matarazzo, Indústrias Reunidas Francisco Matarazzo.

Propaganda do grupo Indústrias Reunidas Francisco Matarazzo (IRFM), publicada na década de 1910. ▶

Biblioteca Digital Luso-Brasileira. Fotografia: ID/BR

Relato de Consolato Laganá Filho. Museu da Pessoa, 7 jul. 2005. Disponível em: https://acervo.museudapessoa.org/pt/conteudo/historia/inovacao-em-calcados-43676/colecao/117488. Acesso em: 31 mar. 2021.

1 Anote no caderno as seguintes informações sobre o relato: nome do imigrante; local onde ele nasceu; data em que chegou ao Brasil; primeiro lugar onde trabalhou no Brasil; produto que cultivava quando morava no campo; lugar onde trabalhou quando chegou à cidade; produto feito na fábrica onde trabalhou.

2 De acordo com a propaganda do grupo IRFM, essas indústrias produziam apenas tecidos? Como você descobriu isso?

Os meios de transporte urbanos

Hoje, ônibus, automóveis, motocicletas e bicicletas circulam pelas ruas de muitas cidades. Mas será que sempre foi assim?

Nos dias atuais, carroças, charretes e cavalos são mais facilmente encontrados nas áreas rurais. Porém, há cerca de cem anos, esses meios de transporte eram muito comuns nas cidades.

A invenção de veículos motorizados fez com que, aos poucos, os bondes elétricos e os automóveis passassem a fazer parte do dia a dia dos moradores da cidade. Com o crescimento urbano, as pessoas foram morar mais longe do trabalho, necessitando mais dos meios de transporte.

▲ No Museu Histórico Nacional do Rio de Janeiro, é possível ver as charretes utilizadas no Brasil há cerca de cento e cinquenta anos.

1 Leia o texto e responda às questões a seguir.

Naqueles tempos, a vida em São Paulo era tranquila. Poderia ser ainda mais, não fosse a invasão cada vez maior dos automóveis importados, circulando pelas ruas da cidade. [...] Estridentes fonfons de buzinas [...] abriam passagem para alguns [...] motoristas que [...] infringiam as regras de trânsito, muitas vezes chegando ao abuso de alcançar mais de 20 quilômetros à hora, velocidade permitida somente nas estradas.

Zélia Gattai. *Anarquistas, graças a Deus*. Rio de Janeiro: Record, 1997. p. 23.

Região central do município de São Paulo. Foto de cerca de 1930. ▶

a. O texto cita uma regra de trânsito de 1920. Que regra é essa?

b. Quais regras de trânsito atuais você conhece? Em sua opinião, é importante respeitar as regras de trânsito? Por quê?

Saber Ser

Transporte coletivo: passado e presente

Atualmente, muitas pessoas utilizam meios de transporte coletivo: ônibus, metrô, trem, *van* de **lotação**. E como eram os meios de transporte coletivo antigamente?

No Brasil, os transportes coletivos começaram a ser oferecidos há mais de cem anos. No início, eram bondes puxados por animais. Em 1892, foi inaugurada a primeira linha de bondes elétricos, na cidade do Rio de Janeiro.

> **Lotação:** meio de transporte parecido com ônibus, mas com capacidade menor de passageiros.

A partir de 1950, em muitas cidades, os bondes começaram a ser substituídos por ônibus. Em 1974, na cidade de São Paulo, foi inaugurado o primeiro metrô no Brasil. O metrô muitas vezes é subterrâneo. Ele anda sobre trilhos e é movido a eletricidade.

Autoria desconhecida/Coleção particular

▲ Bonde puxado por burros em Salvador, Bahia. Foto de cerca de 1900.

Guilherme Gaensly/Instituto Moreira Salles, Rio de Janeiro

▲ Inauguração da primeira linha de bonde elétrico em São Paulo. Foto de 1900.

Reisegraf.ch/Shutterstock.com/ID/BR

▲ Terminal de ônibus em Brasília, Distrito Federal. Foto de 2018.

Delfim Martins/Pulsar Imagens

▲ Estação do metrô em Fortaleza, Ceará. Foto de 2018.

2 Preencha a linha do tempo do transporte coletivo no Brasil.

1892

1950

1974

Representação sem proporção na escala temporal.

Como você já percebeu, as fotos antigas são registros importantes do passado.

Elas podem nos ajudar, por exemplo, a conhecer melhor os meios de transporte coletivo do Brasil, quem os utilizava e quais profissionais trabalhavam neles. Observe as fotos a seguir.

▲ Bonde elétrico em Natal, Rio Grande do Norte. Foto de 1942.

▲ Bondes elétricos, no município de São Paulo, que ligavam os bairros Bom Retiro e Paraíso. No bonde à direita, vemos a parte traseira do veículo. Foto de 1910.

Agora é a sua vez

1 Observem novamente as fotos e respondam às questões.

a. Quando as fotos foram tiradas?

_____

b. Quais são os locais das fotos?

_____

_____

2 A posição das pessoas nas imagens também nos ajuda a compreender a época em que foram retratadas. Nas fotos, foram destacados dois profissionais que trabalhavam nos bondes elétricos: o motorneiro (**M**) e o condutor (**C**). Utilizando as letras **M** e **C**, associem corretamente as características descritas a seguir a cada profissional.

☐ Responsável por acionar o motor que movimentava o bonde.

☐ Responsável por cobrar os bilhetes dos passageiros e soar o apito que indicava a partida do bonde.

☐ Ficava na parte da frente do bonde para identificar mais facilmente os momentos de ligar e desligar o motor. Por exemplo, ao avistar um ponto de embarque e desembarque, já começava a diminuir a velocidade.

☐ Durante as viagens, ficava na parte de trás do bonde para observar os passageiros que subiam e desciam e marcar os bilhetes que indicavam a compra da viagem.

☐ Era chamado, equivocadamente, de trocador ou cobrador. Porém, ele não vendia passagens, apenas marcava, com um pequeno furo, os bilhetes previamente comprados pelos passageiros.

☐ Era chamado, equivocadamente, de motorista, por ficar na parte da frente do bonde. Porém, ele não conduzia o bonde como os motoristas conduzem os automóveis atuais. O caminho dos bondes já era definido pelos trilhos.

Aprender sempre

1 Observe a foto, leia a legenda e responda às questões.

Alinari/Getty Images

▲ Padaria em Juiz de Fora, Minas Gerais, de propriedade de um imigrante italiano. Foto de 1930.

a. Que estabelecimento comercial é retratado nessa foto? O que se vende nele?

_____

_____

b. A foto retrata o presente ou o passado? Justifique com elementos da imagem.

_____

_____

_____

c. No município onde você vive, há estabelecimentos como esse? Que tipos de produto esses estabelecimentos vendem? Eles são parecidos com o da foto? Você já foi a um lugar como esse? Escreva, no caderno, um parágrafo sobre esse tema.

2 Leia o texto e observe a foto a seguir.

Parece inacreditável a constatação de que os problemas que existiam nos cortiços no início do século 20 [...] sejam os mesmos dos dias de hoje. Dentre eles, destacam-se a grande concentração de pessoas em pequenos espaços; um único cômodo como moradia; ambientes com falta de ventilação e iluminação; uso de banheiros coletivos; instalações de esgotos danificadas; falta de privacidade [...].

Luiz Kohara. Cortiços: o mercado habitacional de exploração da pobreza. *Carta Maior*, 5 set. 2012. Disponível em: https://www.cartamaior.com.br/?/Editoria/Direitos-Humanos/Corticos-o-mercado-habitacional-de-exploracao-da-pobreza/5/25899. Acesso em: 31 mar. 2021.

Século 20: período entre os anos 1901 e 2000.

Moradia irregular no município de São Paulo. Foto de 2020. ▶

a. De acordo com o texto, os cortiços são moradias que só existiam no passado? Sublinhe de **verde** o trecho do texto que justifica a sua resposta.

b. Sublinhe de **azul** o trecho do texto sobre os problemas enfrentados pelos moradores de um cortiço.

c. A foto mostra que o autor do texto está correto. Por quê?

d. Em sua opinião, por que ainda hoje muitas pessoas precisam morar em locais como os cortiços?

3 Você conhece alguém que trabalha em uma indústria? Em caso afirmativo, converse com essa pessoa para saber como é o trabalho que ela realiza. Depois, conte aos colegas quem é ela e como é o trabalho dela.

6

O município é de todos

O acesso à habitação, ao transporte público, à educação e à saúde é direito de todos nós. Mas os moradores do município também têm deveres... Por isso, é necessário respeitar esse espaço e contribuir para que ele seja um bom lugar para viver.

Para começo de conversa

1 Você já esteve em uma situação como a representada nessa ilustração? Como foi?

2 O que o prefeito e os outros funcionários desse município poderiam fazer para melhorar isso? E como os moradores poderiam colaborar?

3 Em sua opinião, o que deve ser melhorado no município onde você vive? Como você pode contribuir para que ele seja um lugar melhor?

Saber Ser

◀ Ilustração que representa uma avenida movimentada, em um grande centro urbano.

Cidadania

Você conhece a palavra cidadania?

No Brasil, os cidadãos são membros da sociedade em que vivem, com acesso a direitos e também com deveres a cumprir. Isso é chamado **cidadania**.

Cidadania é uma palavra de origem muito antiga. Vem do **latim** *ciuuis*, que significa assentado, em referência a um lugar que é ocupado por um grupo de pessoas. Esse grupo faz desse espaço seu local de moradia fixa por várias gerações e, com o passar do tempo, estabelece ali normas de convivência. A palavra também deriva de outro termo em latim: *civitas*, que significa cidade.

Latim: a língua dos romanos antigos, que viveram há mais de dois mil anos, principalmente no continente europeu.

Assim, quando cidadão e cidadania passaram a ter o sentido atual, essas noções originais foram retomadas, isto é, cada indivíduo que habita o local é responsável por ele e forma o coletivo que caracteriza a cidadania. Assim, os espaços públicos pertencem a todos os cidadãos, e a cidadania é a vivência em comunidade, em coletividade.

Em sua casa há regras de convivência, não é mesmo? Na vida pública, também existem regras que devem ser seguidas por todos. Trata-se das **leis**.

É por meio das leis que são estabelecidos os principais **deveres** e **direitos** de cada cidadão. Essas leis estão reunidas na **Constituição** do país. No Brasil, a mobilização dos cidadãos, ao longo do tempo, garantiu a todos importantes direitos, como moradia, educação e saúde pública.

Nós também temos de cumprir deveres em nosso dia a dia, como respeitar as leis, cuidar do patrimônio histórico-cultural do país e conviver pacificamente com as diferenças.

Governo Federal. Fotografia: ID/BR

▲ A Constituição de 1988 ficou conhecida como Constituição Cidadã por reconhecer vários direitos dos cidadãos brasileiros.

1 Com base no texto que você leu, dialogue sobre a questão: O que você entende por cidadania? Como você explicaria essa palavra a alguém?

2 Leia a seguir algumas frases sobre os direitos e os deveres de todo cidadão. Depois, pinte de **verde** os quadrinhos que indicam os direitos dos cidadãos e de **azul** os que indicam os deveres.

☐ Todo cidadão deve respeitar as leis de seu país.

☐ Todo cidadão tem direito à saúde pública.

☐ Todo cidadão é responsável pela preservação do patrimônio histórico-cultural de seu país.

☐ Toda criança deve ter acesso a ensino público de qualidade.

☐ Todo cidadão é responsável por honrar as leis de seu país assim como os símbolos nacionais, como a bandeira, que nos representa, e a nossa moeda.

☐ Todo cidadão tem direito à moradia.

☐ Todo cidadão tem direito a votar e também a se candidatar para concorrer às eleições de seu município, estado e país.

☐ Todo cidadão deve respeitar as diferentes religiões e modos de vida.

☐ Todo cidadão deve cuidar do meio ambiente, contribuindo para a preservação da natureza.

☐ Todo cidadão deve ter acesso à saúde pública de qualidade.

Caritos Pinheiro/ID/BR

3 Em sua opinião, todos os cidadãos têm seus direitos respeitados? E todos sempre cumprem seus deveres?

Saber Ser

Problemas nos centros urbanos

A partir dos anos 1950, o crescimento de algumas áreas urbanas do Brasil se intensificou. Muitas pessoas saíram da área rural e das cidades pequenas em busca de melhores condições de vida nas grandes cidades.

Os centros urbanos não tinham estrutura suficiente para atender a todos, e muitos problemas sociais, que existiam antes da chegada dos novos grupos, se agravaram e estão presentes até hoje.

Thomas Farkas/Instituto Moreira Salles, Rio de Janeiro

▲ Núcleo Bandeirante, local de moradia dos trabalhadores que construíram Brasília, Distrito Federal, por volta de 1958.

Claude Lévi-Strauss/Instituto Moreira Salles, Rio de Janeiro

▲ Trabalhadores do município de São Paulo em transporte público, por volta de 1950.

1 O texto a seguir pertence à atual Constituição brasileira. Sublinhe, no texto, os direitos assegurados a todos os cidadãos brasileiros neste trecho.

Saber Ser

Art. 6º – São direitos sociais a educação, a saúde, a alimentação, o trabalho, a moradia, o transporte, o lazer, a segurança, a previdência social, a proteção à maternidade e à infância, a assistência aos desamparados [...].

Constituição da República Federativa do Brasil de 1988. Disponível em: http://www.planalto.gov.br/ccivil_03/constituicao/Emendas/Emc/emc90.htm. Acesso em: 5 abr. 2021.

2 Observe as fotos, leia as legendas e responda: Quais problemas são apresentados nas imagens?

_____

3 Na época das fotos **A** e **B**, já havia a Constituição de 1988?

_____

Questões de moradia e transporte

Os centros urbanos concentram mais oportunidades de trabalho e de serviços, por isso são os mais procurados pela população. Como nem sempre essas regiões foram projetadas para receber muitas pessoas, há falta de moradias, e os preços dos imóveis disponíveis costumam subir, tornando as moradias inacessíveis para muitas famílias.

O resultado disso é a ocupação de espaços que não foram projetados para moradia, como as margens de rios e os barrancos. Há também as famílias que ocupam lugares distantes do centro, chamados de **periferias**. Essas regiões não costumam ter boa infraestrutura: há casos em que muitas vias não são asfaltadas, e os meios de transporte públicos não atendem plenamente essas áreas.

Observe estas fotos, que mostram alguns problemas atuais de moradia e de transporte em centros urbanos brasileiros.

▲ Além da oferta insuficiente de transporte público, há centros urbanos em que o aumento do preço da passagem torna o serviço inacessível para algumas famílias. Na foto, passageiros aguardam trem em plataforma lotada, no município de São Paulo, em 2018.

▲ Nos períodos de chuvas, aumentam os riscos de desabamentos das moradias construídas em barrancos. Na foto, deslizamento de terra em barranco com moradias, no município do Rio de Janeiro, em 2020.

4 Compare as fotos atuais com as fotos do passado que aparecem neste capítulo. Você acha que elas mostram permanências ou transformações históricas? Explique.

Saber Ser

5 No município onde você mora, há, atualmente, problemas parecidos com os retratados nas imagens? De acordo com a lei atual, esses problemas poderiam existir?

Pensando em soluções

Você estudou dois problemas enfrentados pelos cidadãos brasileiros nos grandes centros urbanos: um relacionado à moradia e outro, ao transporte público. Além desses problemas, há muitos outros, como o da falta de segurança e de áreas de lazer.

Mas; o que é possível fazer para transformar essas realidades?

O principal responsável pela garantia dos direitos dos cidadãos é o governo. Por isso, é necessário que seus representantes criem estratégias para que esses problemas sejam resolvidos.

Veja alguns exemplos.

Em São Lourenço da Mata, Pernambuco, uma das medidas tomadas para solucionar o problema de falta de moradia foi a adoção de programas habitacionais do governo federal. Por meio deles, são construídas moradias com pagamento facilitado para famílias de baixa renda. Foto de 2021.

Em Piracicaba, São Paulo, uma das formas de resolver o problema dos congestionamentos e melhorar os deslocamentos foi a criação de ciclovias. Por elas, as pessoas podem andar de bicicleta com segurança em alguns bairros do município. Foto de 2020.

No Recife, Pernambuco, uma das soluções para melhorar a oferta de transporte coletivo foi a criação de corredores de ônibus. Os corredores são delimitados por faixas nas ruas e nas avenidas por onde somente os ônibus podem transitar. Assim, o transporte coletivo fica mais ágil e pode atender mais pessoas. Foto de 2020.

1. No município onde você mora, há alguma ação como as que estão retratadas nas fotos desta página? Em sua opinião, elas são importantes? Por quê?

A participação dos cidadãos

Os cidadãos também podem organizar-se para tentar resolver os problemas do município e para reivindicar soluções do governo.

Conheça algumas formas de organização a seguir.

- **Organizações não governamentais** (ONGs): São instituições sem fins lucrativos que atuam em causas como a defesa dos direitos humanos, a preservação da natureza e o acesso à educação, à saúde e à moradia.

- **Associações de moradores**: Podem ser organizadas por moradores de uma rua, de um bairro e até de um município e permitem a realização de ações coletivas que trazem melhorias para a comunidade.

- **Mutirões**: São ações coletivas e gratuitas realizadas em benefício dos cidadãos. Eles podem ser organizados por associações de moradores, por órgãos do governo e até por ONGs. Muitas vezes, o trabalho nos mutirões é realizado por **voluntários**.

▲ Médicas da ONG Doutores da Amazônia durante atendimento a indígenas do povo Kanoê, em Guajará-Mirim, Rondônia. Essa ONG leva atendimento médico gratuito a povos indígenas em suas aldeias. Foto de 2020.

▲ Mutirão da limpeza das manchas de óleo na praia Itapuama, no litoral do Pernambuco, em 2019. A iniciativa é de pesquisadores voluntários.

Voluntário: pessoa que realiza um trabalho sem pagamento em troca, isto é, ela doa seu trabalho.

2 Em sua comunidade, há associações de moradores? E ONGs? E já houve a realização de mutirões? Comente suas experiências sobre essas iniciativas com a turma.

Saber Ser

Hortas comunitárias em Cambé

Nos centros urbanos, são comuns os terrenos abandonados ou as praças malcuidadas. Alguns desses lugares acabam ocupados por pessoas que não têm onde morar. Porém, há casos em que eles ficam sem utilidade.

Em alguns municípios, moradores usaram a criatividade para dar vida a esses espaços e ainda produzir alimentos saudáveis para a comunidade. Eles iniciaram o cultivo de hortas coletivas.

Os projetos dessas hortas, também chamadas hortas comunitárias ou urbanas, são diversos e ocorrem em vários municípios do Brasil. A comunidade do entorno é responsável pelo cultivo e pelo cuidado das hortas.

Em geral, todos acabam se beneficiando com os alimentos que são produzidos nelas. A iniciativa ajuda a melhorar a alimentação das famílias e proporciona a interação entre os vizinhos.

Conheça as hortas comunitárias de Cambé, no Paraná.

Sergio Ranalli/Pulsar Imagens

▲ O Programa de Hortas Comunitárias de Cambé existe desde 1983. Criado pela Prefeitura Municipal de Cambé, ele atende vários bairros do município. Na foto, vista aérea da horta do bairro Ana Rosa I, em 2018.

A Prefeitura de Cambé é responsável pela instalação das hortas, que, depois, passam aos cuidados dos moradores do bairro. A Horta Comunitária do Cambé III é cultivada, geralmente, pelos moradores das ruas Gralha, Azulão e Beija-Flor. Foto de 2018. ▶

Gerson Sobreira/Terrastock

Sergio Ranalli/Pulsar Imagens

▲ Os moradores do entorno das hortas comunitárias dividem a colheita produzida. No total, há 23 hortas comunitárias em Cambé. Elas atendem cerca de 800 famílias. Foto de 2018.

1 Quais benefícios o Projeto de Hortas Comunitárias de Cambé traz para os moradores?

2 Você costuma comer alimentos que são produzidos em hortas? Você gosta deles?

3 Imagine que você e os colegas vão organizar um almoço na escola com alimentos colhidos em uma horta. Qual seria o cardápio? Com a orientação do professor, façam uma lista coletiva na lousa.

1. A Constituição brasileira estabelece os direitos de todo cidadão que devem ser respeitados. Escreva os direitos que você conhece.

_____

_____

_____

2. Observe as fotos e leia as legendas. Em sua opinião, o que é preciso fazer para melhorar as condições desses locais?

Lixo espalhado na calçada em avenida no município de São Paulo. Foto de 2020. ▶

Celso Luix/Futura Press

_____

_____

_____

Gerson Gerloff/Pulsar Imagens

Moradias improvisadas em Santa Maria, Rio Grande do Sul. Foto ◀ de 2016.

_____

_____

3 No município onde fica a escola, há problemas com transporte público? Para responder a essa questão, forme um grupo com dois colegas. Sigam as etapas propostas.

- Em casa e individualmente, pesquisem nos jornais do município, impressos ou digitais, notícias sobre o transporte público. Se identificarem problemas com esse transporte relatados nas notícias, façam uma lista no caderno.

- Entrevistem os funcionários da escola. Perguntem a eles se, na ida ao trabalho e na volta para casa, utilizam transporte público e se identificam problemas nesse transporte. Em caso afirmativo, acrescentem os problemas relatados por eles à lista de vocês.

- Lembrem-se de anotar na lista as fontes das informações, como o nome e a data do jornal pesquisado, o nome completo das pessoas entrevistadas e a data da entrevista.

- Leiam para os colegas a lista que vocês elaboraram e ouçam a leitura das listas dos outros grupos.

4 Participar de trabalhos voluntários, ações coletivas ou campanhas é uma forma de exercer a cidadania. Os cartazes a seguir trazem exemplos de algumas dessas iniciativas.

A. Cartaz de campanha de doação de sangue em Crateús, Ceará, em 2020.
B. Cartaz de campanha de coleta seletiva em Campo Belo, Minas Gerais, em 2019.

- De que maneira você, os colegas e os familiares de vocês poderiam participar dessas campanhas? Em casa, faça uma lista e, em uma data combinada, compartilhe sua lista com os colegas e o professor.

7

Investigando as origens da cultura brasileira

Povos indígenas, africanos e europeus participaram da formação da população do Brasil. Esses povos contribuíram com conhecimentos, tradições e costumes culturais diversos.

Para começo de conversa

1 Qual é a manifestação cultural retratada na foto? Em que estado do Brasil ela ocorre?

2 Você já assistiu a uma manifestação cultural como essa? Se sim, conte suas impressões.

3 Você conhece algum costume brasileiro que tem origem em costumes indígenas, africanos ou europeus? Qual é esse costume?

4 Você acha importante conhecer a origem de seus costumes e de sua família? Por quê?

Saber Ser

◀ Apresentação do Maracatu de Baque Solto, em Pernambuco, durante o carnaval de Olinda. Foto de 2018.

O que é cultura?

Você sabe o que é **cultura**?

Cultura é tudo aquilo que é aprendido e compartilhado pelas pessoas em uma sociedade. São os costumes, as tradições e os conhecimentos de um povo. Os modos como esses conhecimentos e saberes são transmitidos e transformados também fazem parte da cultura. Diversos povos contribuíram para a formação da cultura brasileira. Observe as fotos a seguir.

▲ Cesta utilizada em padaria para guardar pães. Foto de 2021.

▲ Apresentação de afoxé na capital do Rio de Janeiro. Foto de 2018.

▲ Calçada no centro histórico de São Luís, Maranhão. Foto de 2019.

1. Observe a foto **A**. Você sabe a origem do objeto em que estão os pães? Ele é utilizado em sua casa?

2. Na foto **B**, que instrumento as pessoas estão tocando? Você já viu alguma apresentação musical com esse instrumento?

3. Veja a foto **C**. Você sabe a origem desse tipo de calçada? Levante hipóteses.

4. As fotos que você observou mostram diferentes manifestações da cultura brasileira. Você reconhece aspectos de nossa cultura em seu dia a dia? Quais?

Indígenas e portugueses

Para conseguir fundar vilas e cidades, os portugueses ocuparam as terras dos indígenas. Como não conheciam os territórios, para sobreviver, adotaram vários costumes dos diferentes povos nativos, como os caminhos usados, os alimentos encontrados nas matas, os remédios, etc. Os povos indígenas, por sua vez, também aprenderam vários costumes com os portugueses, ainda que tenham resistido e lutado contra a dominação europeia.

Nessas trocas, muitos portugueses aprenderam línguas da família **tupi-guarani**, e muitos indígenas aprenderam a falar português.

Em 1757, o governo de Portugal tornou o idioma português obrigatório a todos os que viviam no Brasil. Mas, a essa altura, diversas palavras indígenas já eram usadas pelos europeus e seus descendentes que aqui viviam. Por exemplo: jabuticaba, jacaré, lambari e perereca.

Coleção particular. Fotografia: ID/BR

▲ Essa é a reprodução da capa da primeira gramática em tupi-guarani, escrita pelo padre José de Anchieta e publicada em 1595.

> **Gramática:** livro que contém o conjunto de normas e regras para falar e escrever corretamente uma língua.

5 Conheça outros exemplos de palavras de origem tupi que foram incorporadas à língua portuguesa. Para isso, com a ajuda de um familiar, complete o quadro a seguir.

Palavra	Sentido original em tupi-guarani	Sentido atual
abacaxi	fruta de cheiro forte	
biboca	local de difícil acesso	
carioca	casa de branco	

Povos africanos

A cultura brasileira também se formou com a contribuição de diferentes povos africanos, com seus costumes, tecnologias, danças, comidas, instrumentos musicais, crenças e muito mais.

Leia o texto a seguir com a turma.

▲ Atabaque

▲ Berimbau

Os terreiros nos quais se abrigam os candomblés e umbandas são espaços com muitas características das culturas africanas – na arquitetura, nos tipos de plantas e árvores plantadas no entorno das construções, [...] na dança em círculos ao ritmo dos tambores, instrumentos que aqui e na África são cercados de cuidados. [...]

Ao lado do tambor, outros instrumentos, como o berimbau, o agogô e o reco-reco, se juntaram aos de origem lusitana, como o pandeiro, a viola e a rabeca, e são utilizados em grande variedade de danças e festas. Nas congadas, maracatus, capoeiras e reisados, os ritmos africanos estão na base da música tocada. [...]

Se passarmos dos ritos religiosos, festas, danças e músicas [...], veremos a influência africana na culinária brasileira, principalmente na Bahia [...]. Acarajé, vatapá, aluá e xinxim de galinha são alguns pratos que [...] têm receitas parecidas com as feitas na África [...]. Além dos pratos preparados, o inhame, o cará, a noz-de-cola e a nossa tão típica banana vieram do continente africano.

Marina de Mello e Souza. *África e Brasil africano*. 3. ed. São Paulo: Ática, 2012. p. 132-135.

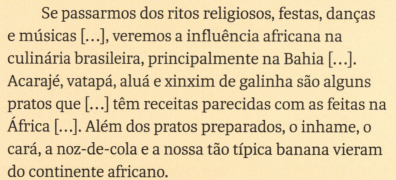

▲ Agogô

▲ Reco-reco

1 De acordo com as cores da legenda, sublinhe no texto os elementos da cultura brasileira cuja origem é africana.

 ritmos musicais

 instrumentos musicais

alimentos

 religiosidades

2 Você já experimentou algum dos alimentos citados no texto? Ouviu falar de alguma expressão religiosa de origem africana? Já dançou ao som de algum dos instrumentos musicais que aparecem nas fotos? Conte suas experiências.

Manifestações religiosas

As manifestações religiosas também podem ser fontes históricas.

No caso das manifestações das religiões de origem afro-brasileira, isso é ainda mais especial: elas guardam memórias, tradições e sabedorias dos povos africanos que foram trazidos ao Brasil.

Os ritos e as crenças evidenciam conhecimentos farmacêuticos, como o uso de plantas e alimentos no tratamento de desequilíbrios físicos e emocionais. Há também a preservação de modos de se vestir e de se organizar em comunidade, bem como de estratégias que buscam garantir o bem-estar, a harmonia e a saúde.

Os terreiros das diferentes tradições de candomblé e de umbanda, entre outras, são espaços que guardam muitos elementos dessas comunidades, que, ao longo do tempo, se adaptaram à vida nos territórios americanos e recriaram formas de se reconectar com o passado e garantir que essas riquíssimas sabedorias continuassem existindo. Observe alguns instrumentos religiosos.

Da esquerda para a direita: chocalhos de diferentes tamanhos e estilos, com pinturas, chamadas de xequerés; e sinetas de metal, chamadas de adjás. ▶

Willians Roberts/iStock/Getty Images

1 Com base na fotografia, responda às questões a seguir.

a. Que objetos você identifica nessa foto?

_____

_____

_____

b. Qual seria a utilidade dos instrumentos que você identificou? O que eles revelam sobre as tecnologias usadas nos terreiros? Levante hipóteses.

1 Observe as imagens e responda às questões.

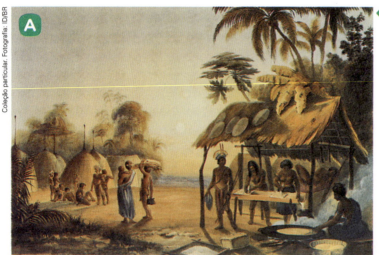

Coleção particular. Fotografia: ID/BR

◀ Charles Bentley. *Watu Ticaba, uma aldeia Wapichana*, 1841. Gravura. À direita, mulheres preparando **beiju**.

Beiju: massa de mandioca assada.

Fabio Colombini/Acervo do fotógrafo

Indígena do povo Barasana preparando beiju na aldeia Rouxinol, no Amazonas. Foto de 2014. ▶

a. Qual atividade está representada nas duas imagens? Quais são as semelhanças entre as duas imagens?

_____

_____

b. Leia as legendas. As imagens são da mesma época? Explique.

_____

c. Você já experimentou o alimento que está sendo preparado nas duas imagens? Em caso afirmativo, o que achou? Caso não tenha experimentado, gostaria de prová-lo?

2 Vamos descobrir outras palavras de origens indígena e africana que usamos no Brasil? Sigam as etapas propostas.

- Definam quem vai pesquisar palavras de **origem africana** e quem vai pesquisar palavras de **origem indígena**. Preencham o quadro a seguir com essa decisão.

Nomes	Origem das palavras

- Os parceiros de dupla devem se separar para realizar a pesquisa: cada um vai pesquisar **três** palavras de acordo com a origem definida na etapa anterior. A pesquisa pode ser feita em livros e dicionários, impressos ou digitais.

- Anotem as três palavras e seus significados no caderno, sem que o parceiro de dupla veja.

- Por fim, sentem-se frente a frente para começar. Um de cada vez vai ler em voz alta apenas o significado de uma das palavras pesquisadas. O outro vai tentar adivinhar qual é a palavra. Depois, invertam os papéis.

3 Leia um dos significados da palavra **preconceito**.

[...] qualquer opinião ou sentimento concebido sem exame crítico. [...]

Instituto Antônio Houaiss. *Dicionário eletrônico Houaiss da língua portuguesa*. Rio de Janeiro: Objetiva, 2009.

a. Para você, o que significa preconceito?

b. Em sua opinião, considerar as próprias expressões culturais superiores às dos outros é uma forma de preconceito? Por quê?

Para explorar

A Cor da Cultura
Disponível em: http://www.acordacultura.org.br/. Acesso em: 6 abr. 2021.
Na seção Livros Animados desse *site*, você tem acesso a livros, jogos e animações com temas relacionados à valorização da cultura afro-brasileira.

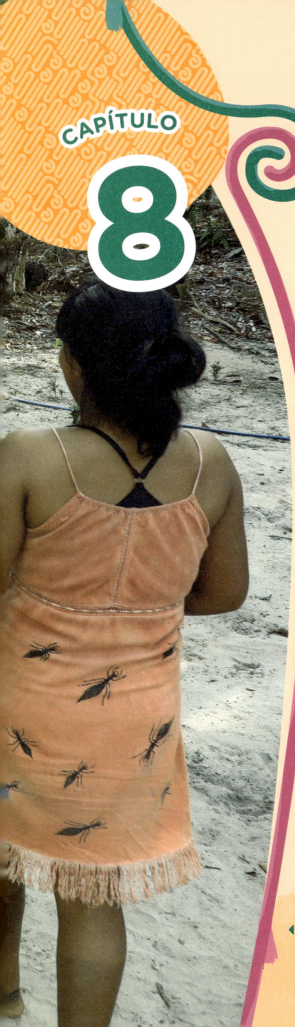

CAPÍTULO

8

Diversidade de povos no Brasil: indígenas

Há muitos povos indígenas que vivem no Brasil. Cada um deles tem sua história, seus hábitos, sua língua. Alguns desses povos vivem em aldeias, outros vivem em cidades. Mas todos eles lutam para viver do seu jeito próprio, de acordo com suas tradições e seus valores.

Para começo de conversa

1. Que local a foto mostra? Quando ela foi tirada? Quem são as pessoas retratadas e o que elas estão fazendo?

2. Você faz parte de uma família indígena ou conhece alguma? Se sim, conte um pouco sobre o local onde vive e sobre seu modo de vida. Se não, conte o que sabe a respeito dos diferentes povos indígenas.

3. Em sua opinião, é importante que os povos indígenas do Brasil possam viver de acordo com suas tradições? Por quê?

Saber Ser

◀ Na aldeia Inhaã-Bé, do povo Sataré Mawé, em Manaus, Amazonas, é comum adultos e crianças brincarem de esconder ovos de pássaros. Foto de 2018.

Onde estão os povos indígenas

No Brasil existem hoje pouco mais de 305 povos indígenas, totalizando quase 900 mil pessoas. Dessas pessoas, cerca de 502 mil vivem em **aldeias** situadas em **Terras Indígenas** e aproximadamente 315 mil vivem em cidades.

Mas, quinhentos anos atrás, havia, provavelmente, mais de 5 milhões de indígenas ocupando as terras que hoje formam o **território** brasileiro.

> **Território:** refere-se a uma área, um espaço delimitado, que tem população, governo e lei.

Pela Constituição brasileira, os povos indígenas têm o direito de viver em suas terras e de usar todos os recursos naturais que existem nelas. As Terras Indígenas são demarcadas pelo governo e devem ser protegidas por ele. Observe os mapas a seguir.

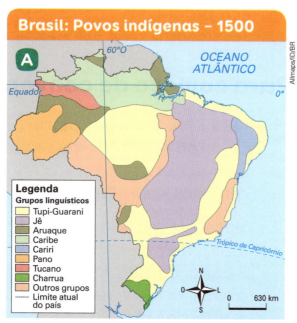

Fonte de pesquisa: Cláudio Vicentino. *Atlas histórico geral e do Brasil*. São Paulo: Scipione, 2011. p. 52.

Fonte de pesquisa: Terras Indígenas no Brasil. Disponível em: https://terrasindigenas.org.br/pt-br/brasil. Acesso em: 18 maio 2021.

1 De acordo com o mapa **B**, onde se encontra hoje a maioria das Terras Indígenas: no interior ou no litoral do Brasil?

2 As Terras Indígenas são reconhecidas por lei? Além dos indígenas, outras comunidades podem usufruir desses territórios? No caderno, escreva um parágrafo sobre isso e, depois, leia-o para a turma.

Índios ou indígenas?

Índios: foi assim que os espanhóis chamaram os habitantes da América, em 1492. Eles pensavam que haviam chegado à Índia e que esses habitantes formavam um único povo.

Só mais tarde perceberam o engano: as terras descobertas não eram a Índia e nelas havia muitos povos que falavam línguas diferentes e tinham tradições e costumes variados. Ou seja: a expressão "índios" tem origem em um engano dos europeus.

Sobre essa palavra, leia a opinião do escritor Daniel Munduruku.

– Quando a gente chama alguém de índio, não ofende só uma pessoa, ofende culturas que existem há milhares de anos. Esse olhar […] empobrece nossa experiência de humanidade.

[…]

– No dia 19 de abril, a gente comemora um equívoco, porque se esconde a diversidade de povos que existem no Brasil. Cada povo cria seu modo de estar no mundo a partir da cultura […]. E cada povo tem suas tradições, sua crença, cultura, política e economia. Nós aprendemos que só existe a língua portuguesa por aqui, né. Mas no Brasil existem 307 línguas muito antigas e diferentes entre si. […] E essas línguas são tão diferentes entre si quanto o português é diferente do chinês.

Daniel Munduruku já escreveu mais de cinquenta livros sobre temáticas relacionadas à vida dos povos indígenas. ◀ Foto de 2019.

Thais Seganfredo. Daniel Munduruku: "Eu não sou índio, não existem índios no Brasil". *Nonada*, 21 nov. 2017. Disponível em: http://www.nonada.com.br/2017/11/daniel-munduruku-eu-nao-sou-indio-nao-existem-indios-no-brasil/. Acesso em: 6 abr. 2021.

3 Você conhece todas as palavras do texto? Em caso negativo, busque o significado das palavras desconhecidas em um dicionário e anote-os no caderno.

4 Com base no que você leu, é preferível falar índios ou indígenas? Por quê? Você concorda com Daniel Munduruku?

Ser criança indígena

Você aprendeu, com a fala de Daniel Munduruku, que os povos indígenas têm culturas variadas. O povo Panará, por exemplo, constrói as moradias da aldeia dispostas em círculo. Já os Marubo vivem todos em uma única grande habitação. Há indígenas que moram nas cidades e vivem de modo bastante semelhante ao dos não indígenas. Mesmo assim, eles continuam sendo indígenas: sentem que pertencem a seu povo e procuram preservar suas tradições. Isso reflete no modo como as crianças são cuidadas e ensinadas.

Nas aldeias, as crianças ouvem histórias contadas pelos mais velhos, observam as atividades do grupo e participam delas. Assim, ouvindo e imitando os adultos, os meninos e as meninas aprendem as tradições de sua cultura.

Atualmente, muitas crianças indígenas vão à escola da aldeia, onde têm aulas com professores indígenas. Em muitas dessas escolas, aprendem a ler e a escrever na língua de seu povo e em português. As aulas são semelhantes às de escolas não indígenas, mas também ensinam as histórias, os costumes e as tradições de seu povo. Há também crianças indígenas que moram em cidades e frequentam escolas junto com crianças não indígenas.

Sala de aula em escola da aldeia Moikarakô, do povo Paresí, em Campo Novo dos Parecis, Mato Grosso. As aulas são dadas em língua indígena e em língua portuguesa. ◀ Foto de 2018.

1 Você é descendente de indígenas? Conhece crianças que sejam descendentes de indígenas?

2 Que semelhanças você reconhece entre ser uma criança indígena e ser uma criança não indígena?

Brinquedos e brincadeiras indígenas

As crianças indígenas também brincam. No caso daquelas que moram em aldeias, é comum que seus brinquedos sejam feitos de barro, palha, sementes, madeira e outros materiais disponíveis nas terras onde a comunidade indígena vive.

Aquelas que moram nas cidades também brincam com brinquedos iguais aos das crianças não indígenas.

Quando podem, os adultos participam das brincadeiras. É o caso do **Heiné Kuputisü**, um jogo dos Kalapalo, povo que vive no Parque Indígena do Xingu, Mato Grosso. Veja como esse jogo funciona.

Rita Barreto/Fotoarena

Rosa Gauditano/Studio R

🔺 À esquerda, pião feito pelo povo Kuikuro, que vive no Mato Grosso. À direita, peteca feita pelo povo Guarani Mbya, que mora em Parelheiros, São Paulo.

Carlos Caminha/ID/BR

Neste jogo de resistência e equilíbrio, o corredor deve correr num pé só, feito um saci, e não pode trocar de pé. Uma linha é traçada na terra para definir o local da largada e uma outra, a uns 100 metros de distância, aponta a meta a ser atingida.

Se o jogador conseguir ultrapassar a meta é considerado um vencedor, mas, se parar antes de chegar na linha final, é sinal de que [...] precisa treinar mais.

Heiné Kuputisü. Instituto Socioambiental (ISA) – Povos Indígenas no Brasil Mirim. Disponível em: https://mirim.org/como-vivem/brincadeiras. Acesso em: 6 abr. 2021.

3 Você já jogou Heiné Kuputisü? Conhece algum jogo parecido? Explique.

Jogos dos Povos Indígenas

Os esportes também fazem parte da cultura de um povo. Com os jogos e as brincadeiras indígenas não é diferente. Você já ouviu falar dos Jogos dos Povos Indígenas?

Trata-se de um dos maiores encontros esportivos de indígenas do Brasil.

A primeira edição ocorreu em 1996, em Goiânia, Goiás. Ela foi organizada por Carlos Terena e Marcos Terena, lideranças do povo Terena, que habita vários estados, como São Paulo, Mato Grosso, Goiás e Mato Grosso do Sul.

Mais de 400 indígenas do Brasil, de 29 povos diferentes, participaram do evento.

Ricardo Teles/Pulsar Imagens

▲ Atleta pataxó, da Bahia, durante competição de **arremesso de lanças**. Foto de 2015.

Ricardo Teles/Pulsar Imagens

▲ Mulheres indígenas do povo Gavião Parkatêjê, do Pará, em prova de **revezamento de tora**. Foto de 2015.

Marcello Camargo/Agência Brasil

▲ Indígenas do povo Paresí, do Mato Grosso, durante partida de **Jikunahati**, jogo parecido com o futebol, mas com a diferença de que os atletas só podem usar a cabeça para tocar a bola. Foto de 2015.

As modalidades esportivas incluem jogos de origem indígena e não indígena. As fotos desta seção mostram alguns exemplos de competições realizadas na edição de 2015 dos jogos.

Nesse ano, o evento foi chamado de Jogos Mundiais dos Povos Indígenas. Ele aconteceu em Palmas, no Tocantins. A mudança do nome ocorreu porque, além dos povos indígenas do Brasil, foram convidados povos nativos de outros 24 países.

No passado, os povos indígenas não costumavam se encontrar para realizar jogos. Esse é um costume da sociedade não indígena, que organiza eventos esportivos como os Jogos Olímpicos.

Ricardo Teles/Pulsar Imagens

Mulheres indígenas do povo Manoki, do Mato Grosso, durante disputa de **cabo de guerra**. Foto de 2015.

1 Você conhece ou pratica algum desses esportes apresentados? Em caso afirmativo, qual? Em caso negativo, qual você gostaria de praticar? Por quê?

2 Os Jogos dos Povos Indígenas são organizados pelo Ministério do Esporte. Em sua opinião, é importante incentivar esse tipo de evento? Por quê?

Saber Ser

Para explorar

Conheça as modalidades esportivas dos Jogos Mundiais Indígenas
Disponível em: https://memoria.ebc.com.br/esportes/2015/10/conheca-modalidades-esportivas-dos-jogos-mundiais-indigenas. Acesso em: 6 abr. 2021.

Veja as diferentes modalidades praticadas pelos atletas indígenas nessa reportagem, com textos e animações, da Empresa Brasil de Comunicação (EBC).

Aprender sempre

1 Leia o texto sobre os Xavante, que vivem no Mato Grosso.

O aprendizado entre os Xavante é um processo que acontece ao longo de toda a vida, desde quando se é criança até a velhice. Em cada etapa deste longo caminho, novos conhecimentos são adquiridos nas mais diferentes situações: algumas são entendidas como momentos de aprendizagem (como é o caso dos rituais), outras estão relacionadas com as pequenas atividades realizadas no dia a dia.

As situações mais cotidianas são momentos de aprendizagem valorizados [...]. As crianças costumam caminhar livres pela aldeia acompanhando outras pessoas [...] em suas atividades e são nestas ocasiões que elas aprendem a identificar as regras que orientam sua sociedade.

Jeitos de aprender. Povos Indígenas do Brasil Mirim, Instituto Socioambiental (ISA). Disponível em: https://mirim.org/pt-br/como-vivem/aprender. Acesso em: 10 mar. 2021.

▲ Durante as brincadeiras, crianças e jovens do povo Xavante compartilham saberes. Foto de 2020.

a. De acordo com o texto, em que período da vida ocorre o aprendizado entre os Xavante?

b. Para você, a foto mostra um momento de aprendizado?

c. Complete a tabela a seguir com as informações sobre os modos como você e os colegas aprendem.

Jeito de aprender do 3° ano	
Nome do estado onde fica a escola.	
Períodos da vida em que ocorre o aprendizado.	
Situações em que ocorre o aprendizado.	

d. Com as informações da tabela, você e os colegas vão elaborar, na lousa, um texto coletivo, como o que vocês leram sobre os Xavante. Porém, o texto da turma deve apresentar o modo como vocês aprendem, mesmo que vocês, ou parte de vocês, sejam indígenas do povo Xavante.

2 Observe as fotos de duas aldeias indígenas e leia as legendas.

◀ Vista aérea da aldeia Pykararakre, do povo Kayapó, no município de São Félix do Xingu, Pará. Foto de 2016.

Vista aérea de aldeia do povo Enawenê-nawê, no município de Juína, Mato Grosso. Foto de 2020. ▶

- Compare as duas aldeias. Que diferenças há entre elas? Por que elas são diferentes?

3 Com a ajuda de um familiar, faça um desenho colorido do lugar onde você mora, em uma folha avulsa de papel. Depois, compare-o com os lugares retratados nas fotos da atividade anterior e responda às questões a seguir no caderno.

a. Há alguma semelhança entre os três lugares? Em caso afirmativo, qual?

b. Qual dos três lugares é o mais diferente? Por quê?

4 Em sua opinião, quando um indígena usa roupas iguais às dos não indígenas, fala português e trabalha na cidade, ele deixa de ser indígena?

O encontro entre povos indígenas e portugueses

Ao longo de séculos, os indígenas do continente americano lutaram e resistiram. Hoje, as leis brasileiras reconhecem a organização social de todos os povos indígenas e o direito deles à terra onde tradicionalmente vivem.

Para começo de conversa

1 De quando é essa foto? Que situação ela está retratando?

2 O que você sabe sobre o encontro entre indígenas e portugueses quando os portugueses chegaram às terras onde hoje é o Brasil?

3 Mesmo com a existência de leis que protegem as Terras Indígenas, algumas delas são invadidas ilegalmente. Em sua opinião, o que deve ser feito para evitar essa situação?

Saber
Ser

◀ A foto mostra uma sessão da Assembleia Constituinte de 1988, em Brasília, Distrito Federal. Essa assembleia definiu as principais leis do Brasil atual. Os indígenas participaram de várias sessões e se organizaram para assegurar o reconhecimento oficial de seus modos de viver e o seu direito à terra.

Os primeiros encontros

Quando portugueses e indígenas se encontraram, todos ficaram surpresos, pois tinham modos de vida muito diferentes. Observe o detalhe da pintura de Oscar Pereira da Silva. Nela, o artista buscou representar essas diferenças.

Os indígenas viviam em aldeias, na mata. As moradias eram, em geral, feitas de madeira, cobertas com palhas de palmeira e não havia muita mobília nelas. Já os portugueses costumavam morar em casas de tijolos ou de madeira, com vários cômodos. Os indígenas conheciam muito bem as plantas e os caminhos na mata, que eram desconhecidos para os portugueses. Por outro lado, os indígenas não conheciam armas de fogo, cavalos e outros animais com os quais os portugueses estavam habituados.

Leia o texto de Pero Vaz de Caminha sobre um dos primeiros encontros entre indígenas e portugueses.

Acervo do Museu Paulista da Universidade de São Paulo, São Paulo. Fotografia: ID/BR

Detalhe da obra *Índios a bordo da nau Capitânia de Cabral*, de Oscar Pereira da Silva, cerca de 1920. Óleo sobre tela. ▶

Mostraram-lhes um carneiro; **não fizeram caso** dele.

Mostraram-lhes uma galinha; quase tiveram medo dela, e não lhe queriam pôr a mão. [...]

Deram-lhes ali de comer: pão e peixe cozido, **confeitos**, **fárteis**, mel, **figos passados**. Não quiseram comer daquilo quase nada; e, se provavam alguma coisa, logo a lançavam fora.

Pero Vaz de Caminha. *Carta a El Rei D. Manuel*. Disponível em: http://www.educadores.diaadia.pr.gov.br/arquivos/File/2010/literatura/obras_completas_literatura_brasileira_e_portuguesa/PERO_VAZ_CAMINHA/CARTA/CARTA.PDF. Acesso em: 10 jun. 2021.

Não fazer caso: não ligar, não se importar.

Confeito: doce.

Fártel: tipo de doce feito com açúcar e amêndoa.

Figo passado: figo seco.

---

1 Sublinhe, no texto de Caminha, os nomes dos animais que os indígenas não conheciam.

2 Você acha que esse texto é de um português ou de um indígena? Explique suas ideias aos colegas.

Tempos mais amistosos

Durante algum tempo, a relação entre os portugueses e os indígenas foi, de modo geral, **pacífica**.

Pacífico: de paz, sem conflito.

Muitos indígenas concordaram em ajudar os portugueses em suas explorações por riquezas, por exemplo, retirando da mata as árvores que seriam vendidas na Europa. Os indígenas também ajudavam a carregá-las para os navios. Além disso, eles forneciam aos portugueses alguns alimentos que cultivavam, como a mandioca.

Em troca, os portugueses davam objetos tipicamente europeus aos indígenas, como miçangas específicas, colares, peças de roupas e instrumentos de trabalho, como machados e facas.

André Thévet. Representação de indígenas trabalhando na extração de pau-brasil, 1575. Gravura. ▶

Biblioteca Brasiliana José e Guita Mindlin, São Paulo. Fotografia: ID/BR

3 Observe a imagem, leia a legenda e responda às questões.

a. Quem são as pessoas retratadas?

_____

b. Onde elas estão? O que estão fazendo?

_____

c. Escreva outra legenda para a imagem, usando as informações dos itens anteriores. Depois, leia o texto para a turma.

_____

_____

O fim da convivência pacífica

A relação amigável entre portugueses e indígenas logo se transformou em conflito.

Os portugueses queriam que os indígenas trabalhassem como escravos e também que mudassem seus costumes. Eles queriam, por exemplo, que os indígenas usassem roupas e se tornassem católicos.

Muitos indígenas resistiram à escravidão e fugiram ou lutaram até a morte. Aqueles que foram aprisionados e escravizados trabalharam na construção de povoados e vilas e também nas plantações e nos engenhos.

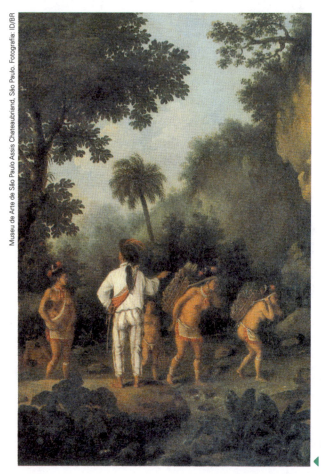

Museu de Arte de São Paulo Assis Chateaubriand, São Paulo. Fotografia: ID/BR

Os indígenas sempre enfrentaram com grande coragem os invasores de suas terras. No entanto, muitas vezes, as armas dos portugueses eram mais eficazes. Os indígenas também não tinham resistência a várias doenças trazidas pelos europeus, como gripe, tuberculose, varíola e catapora. Assim, o encontro com os portugueses levou ao desaparecimento de muitos povos indígenas.

Detalhe da obra *O caçador de escravos*, de Jean-Baptiste Debret, 1825. Óleo sobre tela. Na época em que essa pintura foi feita, a escravização dos indígenas já era proibida por lei. Mesmo assim, os indígenas continuaram sendo escravizados em ◀ muitos locais do Brasil.

1 Em sua opinião, as atitudes dos portugueses beneficiaram os indígenas? Por quê?

2 Se você fosse um indígena que tivesse vivido nesse período, o que falaria para os portugueses? Anote a resposta no caderno e depois leia para a turma. Por fim, ouça as respostas que os colegas escreveram.

Saber Ser

A luta pela terra

A luta dos povos indígenas para não serem expulsos de suas terras teve início após o encontro com os portugueses e dura mais de quinhentos anos. Em 1988, com a Constituição Cidadã, a comunidade indígena teve uma importante conquista: o direito ao reconhecimento das Terras Indígenas.

Leia trechos do artigo em que esse direito é assegurado.

> **Art. 231** – São reconhecidos aos índios [...] os direitos originários sobre as terras que tradicionalmente ocupam, competindo à **União** demarcá-las, proteger e fazer respeitar todos os seus bens. [...]
>
> **União:** no texto, significa governo federal.
>
> Constituição da República Federativa do Brasil de 1988. Disponível em: http://www.planalto.gov.br/ccivil_03/constituicao/constituicaocompilado.htm. Acesso em: 6 abr. 2021.

Poucas Terras Indígenas foram demarcadas até hoje. Muitas comunidades indígenas habitam territórios com importantes recursos naturais, como florestas, rios e minerais preciosos.

Por isso, sofrem com as ações de perseguição e expulsão das terras por grandes fazendeiros e empresas madeireiras.

3 Marque com um **X** o quadrinho da frase que está de acordo com o artigo 231 da Constituição de 1988.

☐ As terras que sempre foram ocupadas pelos povos indígenas devem ser demarcadas e protegidas pelo governo, para que os indígenas possam viver nelas tranquilamente.

☐ Qualquer indivíduo ou empresa pode explorar os recursos naturais das Terras Indígenas.

4 No estado onde você mora, há Terras Indígenas? Com um familiar, faça uma pesquisa sobre o tema e depois compartilhe os resultados com os colegas.

Para explorar

Terras Indígenas no Brasil
Disponível em: https://terrasindigenas.org.br/. Acesso em: 6 abr. 2021.

Nesse portal, criado pelo Instituto Socioambiental (ISA), é possível acompanhar o número de Terras Indígenas demarcadas no Brasil e conhecer melhor as comunidades indígenas atendidas.

Aprender sempre

1 As imagens da página 149 retratam influências portuguesas e indígenas. Destaque e cole essas imagens nos locais corretos, de acordo com as informações das legendas.

🔺 Cestos feitos por indígenas do povo Baniwa, que vive no Amazonas. Foto de 2019.

🔺 Fachada de casa com azulejos portugueses em Alcântara, Maranhão. Foto de 2019.

🔺 Moradia indígena em aldeia do povo Kayapó, que vive no Pará. Foto de 2016.

🔺 Vasos de cerâmica feitos por indígenas do povo Macuxi, em Normandia, Roraima. Foto de 2019.

🔺 Móvel português feito por volta de 1850, chamado de cômoda papeleira.

🔺 Rede de fibra vegetal feita pelo povo Matis, na Chapada dos Guimarães, no Mato Grosso. Foto de 2014.

2 A comunidade Guarani-Kaiowá da terra Pyelito Kue/Mbarakay, no Mato Grosso do Sul, foi expulsa várias vezes de sua terra original a partir de 1950. Em 2012, essa comunidade publicou uma carta denunciando a grave situação que enfrentava.

> Nós (50 homens, 50 mulheres e 70 crianças), comunidades Guarani-Kaiowá […], viemos através desta carta apresentar a nossa situação histórica [...].
>
> Moramos na margem do rio Hovy [no Mato Grosso do Sul] há mais de um ano e estamos sem nenhuma assistência, isolados, cercados de pistoleiros e resistimos até hoje. Comemos comida uma vez por dia. Passamos tudo isso para recuperar o nosso território antigo Pyelito Kue/Mbarakay.
>
> Comissão de Aty Guasu Guarani e Kaiowá do MS. Disponível em: https://biblioteca.trabalhoindigenista.org.br/documentos/carta-da-comunidade-guarani-kaiowa-de-pyelito-kue-mbarakay-iguatemi-ms-para-o-governo-e-justica-do-brasil/. Acesso em: 24 maio 2021.

- Em 2015, essa comunidade conseguiu reconquistar parte de seu território original, que ainda não foi demarcado pelo governo. O direito dos indígenas foi respeitado nesse caso? Por quê?

3 Leia o texto a seguir.

> Primeiro só nós índios vivíamos nessa terra. Os índios eram donos de todas as matas, eram donos de todos os rios […]. Nossa gente vivia feliz. Tinha muita caça. Tinha muito peixe. Tinha muita fruta. Nunca faltava terra boa para fazer roça […]
>
> Muito longe daqui tem uma terra que se chama Europa. Lá moram homens de pele branca. Eles têm costumes muito diferentes dos nossos […]
>
> Antes de os brancos chegarem tinha muito mais **Nações de índios** do que hoje. […] Cada Nação falava a sua língua; cada Povo vivia como era costume dele.
>
> Eunice de Paula. *História dos povos indígenas*: 500 anos de luta no Brasil. Petrópolis: Vozes; Brasília: Cimi, 1986. p. 18-23.

Nação de índios: no texto, cada um dos povos indígenas que viviam nas terras que hoje correspondem ao território do Brasil.

a. Quando o narrador diz "nessa terra", de que lugar está falando?

b. Segundo o texto, como os indígenas viviam?

c. No texto, quem são os brancos?

d. Quais influências indígenas você reconhece na cultura brasileira? E quais são as influências portuguesas? Escreva, no caderno, um parágrafo sobre o tema.

10

Da África para o Brasil

Por mais de trezentos anos, os africanos escravizados foram trazidos à força para o Brasil.

Essas pessoas deixaram para trás a terra natal, sua casa, sua família e seu jeito de viver. Mas nunca deixaram de resistir e de lutar pela liberdade.

Para começo de conversa

1 O monumento retratado na foto relembra que fato da história dos africanos? Por que você acha que ele foi construído?

2 Que sentimento esse monumento provoca em você? Em sua opinião, como as pessoas que eram escravizadas se sentiam?

3 Em sua opinião, é justo que pessoas tenham sido escravizadas no Brasil? Por quê?

Saber Ser

◀ O Portal do Não Retorno, em Uidá, Benim, no continente africano, é um monumento construído em um dos locais de embarque dos africanos sequestrados e escravizados. Foto de 2019.

As sociedades africanas

A África é um grande continente com muitos povos, distribuídos atualmente por mais de cinquenta países. Cada povo tem sua língua, suas tradições e modo próprio de viver.

Contudo, há cerca de seiscentos anos, não existiam países como os de hoje.

Alguns povos estavam organizados em pequenas aldeias e viviam da caça, da coleta ou de suas plantações; outros formavam impérios ou grandes reinos. Observe o mapa com a turma.

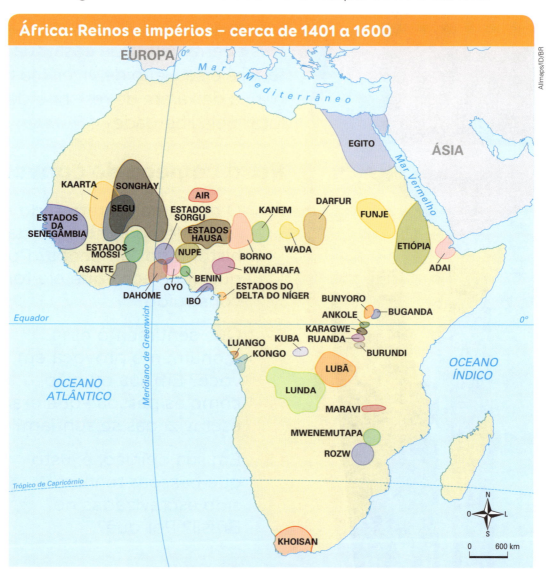

Fonte de pesquisa: Leila Leite Hernandez. *A África na sala de aula*: visita à história contemporânea. São Paulo: Selo Negro, 2005. p. 34.

1 Leiam os nomes dos reinos e dos impérios africanos no mapa. Depois, respondam: Vocês conhecem algum desses nomes que aparecem no mapa? Qual? Comentem.

Alguns aspectos culturais

Cada povo africano tem características próprias, mas entre eles encontramos algumas semelhanças culturais. Por exemplo, o valor dado aos laços familiares e a fidelidade ao chefe da família.

Os reinos e os impérios que aparecem no mapa da página 106 têm sua origem nos acordos estabelecidos entre as grandes famílias. Sob o comando de um líder, elas formaram as primeiras aldeias.

O líder era responsável por todos os que viviam na aldeia. Em troca, recebia parte do que era produzido. O texto a seguir conta um pouco sobre a moradia e a família de Okonkwo, um líder **Ibo**.

Ibo: povo nativo da África que hoje habita a atual Nigéria.

A prosperidade de Okonkwo era visível em seu lar. [...] [Havia] várias habitações rodeadas por um grosso muro de terra vermelha. Sua própria casa, ou *obi*, erguia-se imediatamente atrás da única porta existente no muro vermelho. Cada uma de suas três esposas tinha uma morada própria e o seu conjunto formava uma espécie de meia-lua por trás do *obi*. O **celeiro** fora construído de encontro a uma das extremidades do muro vermelho, e altas pilhas de inhame erguiam-se dentro dele [...]. No extremo oposto [...], havia um barracão [...] para os bodes, e cada esposa mandara construir, junto à sua morada, um galinheiro.

Celeiro: construção onde se armazenam os produtos das colheitas.

Chinua Achebe. *O mundo se despedaça*. São Paulo: Ática, 1983. p. 22 (Coleção Autores Africanos).

Carlos Caminha/ID/BR

2 Em sua opinião, todos os povos africanos se organizavam do mesmo modo que os Ibo? Explique.

Comércio

Os reinos e os impérios africanos, que aparecem no mapa do início deste capítulo, praticavam o comércio.

Geralmente, eles faziam trocas de produtos: ofereciam o que tinham em abundância e recebiam o que não produziam. Tecidos, **marfim**, sal, ouro, **búzios** e objetos de metal eram alguns dos artigos do rico e diversificado comércio africano.

Antes da chegada dos europeus à África, a maior parte dos contatos culturais entre os povos africanos acontecia por meio do comércio. Ao negociar diferentes produtos, os povos se aproximavam e trocavam também ideias e hábitos.

Marfim: material que forma as presas de alguns animais, como o elefante. Utilizado para fabricar joias, estátuas, etc.

Búzio: concha pequena.

Coleção particular. Fotografia: Bridgeman Images/Easypix Brasil

▲ Thomas Baines. Representação de pessoas, no sul da África, carregando marfim para comercializar, de cerca de 1870. Gravura.

3 Como era o comércio praticado pela maioria dos povos africanos?

4 Quais dos produtos retratados na página 149 eram comercializados por diversos povos africanos há cerca de quinhentos anos? Destaque e cole a seguir as fotos desses produtos.

Mercado Público de Porto Alegre

Os mercados são muito importantes para algumas tradições religiosas afro-brasileiras. Esses espaços são considerados a morada de uma divindade chamada Bará, um orixá que representa o trabalho, a fartura e as trocas comerciais.

Por isso, no centro do Mercado Público Central de Porto Alegre, fundado em 1869, no Rio Grande do Sul, há uma homenagem a esse orixá.

Não se sabe ao certo quando o orixá Bará foi **assentado** no local, na forma de uma pedra enterrada. Talvez isso tenha ocorrido durante a construção do mercado, realizada por pessoas escravizadas, ou, pouco tempo depois, sob a orientação de um líder religioso que veio da África para o Brasil. Hoje, o local está identificado por um mosaico.

▲ Fachada do Mercado Público Central de Porto Alegre, no Rio Grande do Sul, em 2018.

▲ No centro do Mercado Público, há um mosaico no chão. Ele mostra elementos do orixá Bará, como as sete chaves que esse orixá carrega, de acordo com a mitologia dos Iorubá.

Assentado: refere-se a um objeto que, por meio de rituais, passa a guardar a força espiritual de um orixá. O objeto passa, então, a se chamar assentamento.

1 Por que podemos dizer que o Mercado Público Central de Porto Alegre abriga a memória dos povos africanos e de seus descendentes no Brasil?

2 Em seu município, há mercados públicos? Você já visitou esses lugares? Eles apresentam vestígios de memórias como o mercado de Porto Alegre?

O comércio de africanos escravizados

Entre alguns povos africanos, havia o costume de escravizar os prisioneiros de guerra por um período de tempo, como pagamento pela guerra. Durante esse período, as pessoas em dívida poderiam, por exemplo, constituir família e viver de acordo com os costumes de seu povo. Há cerca de seiscentos anos, mercadores europeus também passaram a comercializar esses prisioneiros como escravizados. Porém, no comércio praticado pelos europeus, os africanos eram tratados como mercadorias, e não como pessoas.

Os mercadores portugueses traziam os cativos da África para o Brasil e os vendiam. Em cerca de quatrocentos anos, estima-se que mais de 5 milhões de africanos foram trazidos à força para o Brasil.

1 Observe o mapa. Depois, complete as frases a seguir com as palavras e as expressões corretas.

| Salvador | Brasil | Rio de Janeiro | comércio | Recife |

Fonte de pesquisa: Marina de Mello e Souza. *África e Brasil africano*. São Paulo: Ática, 2006. p. 82.

a. O mapa trata do _____ de africanos escravizados que eram destinados ao _____, nos anos de 1501 a 1800.

b. Habitantes de Benguela foram levados para o _____ e para o _____. Os habitantes de São Tomé e São Jorge da Mina foram levados para _____.

Escravidão e resistência

No Brasil, os africanos escravizados não tinham sua cultura e sua diversidade respeitadas. Nos engenhos e nas minas, o trabalho era intenso. A alimentação e o lugar onde os escravizados viviam eram ruins. Muitos sofriam castigos físicos.

Nas cidades, os trabalhos eram um pouco diferentes. Além de serviços domésticos, muitos escravizados saíam às ruas para vender produtos e oferecer seus serviços, repassando parte do pagamento aos senhores.

Apesar de todas as dificuldades, homens e mulheres africanos resistiram e lutaram contra a escravidão de várias maneiras. Muitos fugiam dessa situação e formavam comunidades com organização e costumes semelhantes aos encontrados na África. Essas comunidades eram chamadas de quilombos. Nelas, os africanos e seu descendentes se tornavam livres.

Por meio de festividades, danças e outras práticas culturais, diversos saberes, costumes e religiosidades foram preservados, e muitos deles fazem parte da cultura brasileira até hoje.

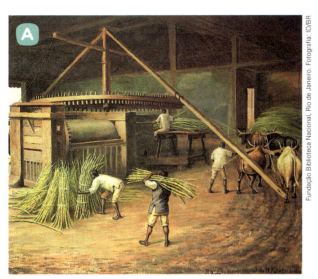

Fundação Biblioteca Nacional, Rio de Janeiro. Fotografia: ID/BR

▲ Benedito Calixto. *Moagem da cana na Fazenda Caxeira em Campinas*, entre 1870 e 1920. Óleo sobre tela. Escravizados trabalhando na produção de açúcar.

Biblioteca Nacional, Rio de Janeiro. Fotografia: ID/BR

▲ Jean-Baptiste Debret. *Negros vendedores de aves*, cerca de 1835. Gravura aquarelada.

2 Observe as imagens desta página e responda às questões.

a. Que trabalho os africanos escravizados estão realizando em cada imagem?

b. Esses trabalhos ainda são realizados nos dias de hoje?

Vamos ler imagens!

Estampas africanas

As legendas e os detalhes das fotos podem nos ajudar a conhecer melhor as sociedades fotografadas. Nesta página, você vai conhecer um exemplo disso.

Você já ouviu falar das **estamparias africanas**? Essa arte, que consiste no tingimento e na elaboração dos desenhos que vão formar as estampas dos tecidos, faz parte da cultura de diversos povos do continente africano. Usados para cobrir o corpo (como roupas) ou para forrar o chão e formar paredes (como tapetes e barracas), os tecidos estampados registram características dos povos que os produziram. Observe a foto.

Katiekk/Shutterstock.com/ID/BR

▲ Guerreiros do povo Massai durante cerimônia em que demonstram suas habilidades usando pernas de pau, na Tanzânia, um país africano. Em destaque, detalhe da estampa que compõe a vestimenta de um dos guerreiros. Foto de 2019.

Agora é a sua vez

1 Leia a legenda da foto e responda às questões.

a. Qual povo africano a foto retrata? As pessoas fotografadas estão em que país?

_____

b. Qual é a data da foto? E qual é a ocasião apresentada?

_____

_____

2 Observe a estampa destacada e assinale os quadrinhos corretos.

a. Quais cores aparecem na estampa?

☐ preto   ☐ branco

☐ vermelho   ☐ cor-de-rosa

☐ amarelo   ☐ laranja

b. Que formas você reconhece na estampa?

☐ círculo ◯   ☐ retângulo ▭

☐ triângulo △   ☐ quadrado ☐

3 Com a ajuda de um familiar, realize as atividades a seguir.

a. Como são as pessoas que aparecem na foto? Faça a descrição indicando as seguintes características: gênero, penteado e objetos que fazem parte da vestimenta. Anote as respostas no caderno.

b. Você já viu alguma estampa parecida no Brasil? Pesquise em publicações, impressas ou digitais, imagens de estampas inspiradas nessa arte africana. Compartilhe as imagens pesquisadas com os colegas.

1 Sobre o comércio no continente africano, responda às questões.

a. Quais eram foram as principais mercadorias comercializadas pelos povos africanos?

_____

b. Quais foram as consequências culturais dessas trocas comerciais?

_____

_____

2 Em alguns países africanos, a língua oficial é o português. Observe o mapa e responda às questões.

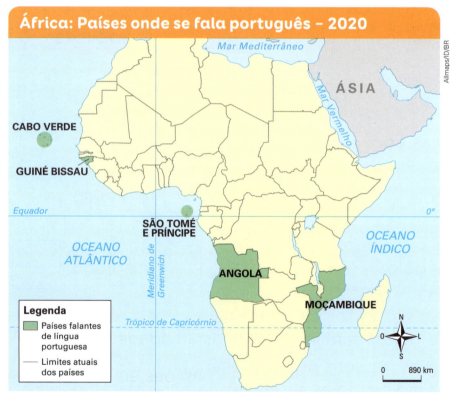

Fonte de pesquisa: Comunidade dos Países de Língua Portuguesa (CPLP). Disponível em: http://www.cplp.org/Files/Billeder/cplp/bandeiras/Mapa_CPLP.jpg. Acesso em: 6 abr. 2021.

a. Em quais desses países era realizado o comércio de escravizados no passado?

_____

b. Como a língua portuguesa chegou a esses países? Escreva uma hipótese no caderno e depois compartilhe com a turma.

3 Leia, a seguir, o trecho de uma reportagem de novembro de 2020. O texto aborda a comunidade do Quilombo Cafundó, no município de Salto de Pirapora, em São Paulo.

Os quilombos no Brasil se originaram como comunidades formadas por escravizados, refugiados ou quem tinha sido libertado. No caso do Cafundó, ele surgiu em 1876, quando um fazendeiro doou aos negros uma porção de terras.

[...]

A produção agrícola do quilombo sempre foi feita de forma mais natural, sem uso de produto químico [...]. Foi aí que os jovens fizeram a diferença. Foram atrás de conhecimento e trouxeram o conceito de agricultura orgânica.

Produzir alimentos sem nada de agrotóxicos e, ao mesmo tempo, ganhar mais pelo produto. Foi isso que motivou o Alex, morador que é nascido e criado no quilombo. Há quatro anos, deixou o serviço na construção civil para se dedicar à roça.

Quilombolas do interior de SP aliam produção orgânica com preservação da origem africana. *Globo Rural*, 22 nov. 2020. Disponível em: https://g1.globo.com/economia/agronegocios/globo-rural/noticia/2020/11/22/quilombolas-do-interior-de-sp-aliam-producao-organica-com-preservacao-da-origem-africana.ghtml. Acesso em: 7 mar. 2021.

a. De acordo com a cores a seguir, sublinhe no texto:

Nome da comunidade quilombola.

Ano de surgimento do Quilombo.

Processo de formação do Quilombo.

b. Você sabe o que é agrotóxico? E agricultura orgânica? Pesquise o significado dessas expressões em um dicionário e anote suas descobertas no caderno.

c. Alex, um jovem quilombola, fez escolhas profissionais que são abordadas no texto. Que escolhas foram essas?

d. Em sua opinião, a escolha de Alex também promove a valorização dos conhecimentos da comunidade quilombola onde ele vive? Comente com a turma.

Saber Ser

Outros povos que vieram para o Brasil

Chamamos de imigrantes as pessoas que se mudam de um país para outro. Ao longo dos últimos 150 anos, muitas pessoas vieram para o Brasil nessa condição.

Para começo de conversa

1 Qual é o meio de transporte representado nessa imagem? Você já fez viagens nesse tipo de meio de transporte?

2 No passado, a cena representada na ilustração era muito comum. Hoje, você acha que ela ocorre com a mesma frequência? Explique.

3 Pessoas que vêm de outros países têm um jeito diferente de falar o português. Você já presenciou uma situação em que alguém zombou do jeito de falar de um estrangeiro? O que você acha dessa atitude?

Saber Ser

◀ Ilustração que representa o desembarque de um navio de imigrantes no Brasil, há cerca de 150 anos.

Quem eram os imigrantes

A partir dos anos 1800, o Brasil recebeu imigrantes de muitos outros países. Além de portugueses, vieram também alemães, japoneses, espanhóis, italianos, chineses, angolanos, árabes, etc.

Eles saíram da terra natal em busca de oportunidades de trabalho e também para fugir de guerras, perseguições ou de alguma catástrofe natural, como terremotos ou enchentes.

Os diferentes grupos de imigrantes trouxeram para o Brasil costumes, festas, músicas, literatura, danças, crenças, entre outras manifestações culturais. Observe o mapa.

Fonte de pesquisa: *Atlas geográfico escolar*. Rio de Janeiro: IBGE, 2018. p. 32.

1 No mapa, estão destacados alguns países de onde vieram mais imigrantes para o Brasil nos últimos duzentos anos. Com um familiar, consulte um atlas geográfico e escreva na tabela o nome do país que corresponde a cada número.

Países de onde vieram mais imigrantes para o Brasil	
1.	7.
2.	8.
3.	9.
4.	10.
5.	11.
6.	

Conhecendo as principais levas

Vamos conhecer alguns grupos de imigrantes que vieram da Europa, da Ásia, da América e da África.

Portugueses: um grupo grande desses imigrantes chegou entre 1890 e 1910. A cozinha brasileira tem muita influência dos portugueses, como o modo de preparar os alimentos e os temperos usados. Azulejos pintados e mosaicos feitos de pedras também são de origem portuguesa.

▲ Família de imigrantes portugueses. Foto de cerca de 1910.

Italianos: chegaram em grande número a partir de 1870. Com eles, aprendemos a comer massas e *pizzas*. Incorporamos diversas palavras como: bandolim, cantina, tchau. Eles também trouxeram diferentes espécies de uva e técnicas de cultivo e de produção de vinho.

▲ Família de imigrantes italianos. Foto de cerca de 1910.

Espanhóis: vieram em grande número desde 1810. A partir de 1930, muitos imigrantes espanhóis desembarcaram aqui para trabalhar nas cidades como sapateiros, carpinteiros e mecânicos. Com eles, adquirimos o hábito de comer grãos, como a ervilha e o grão-de-bico.

Família de imigrantes espanhóis. Foto de 1952. ▶

Alemães: começaram a chegar a partir de 1824 e se estabeleceram, principalmente, nos atuais Rio Grande do Sul, Paraná e Santa Catarina. O hábito de comer salsicha e outros tipos de frios, além de pratos feitos com carne de porco, foi introduzido por eles no Brasil.

Família de imigrantes alemães. Foto de cerca de 1900. ▶

Árabes: vieram sobretudo do Líbano e da Síria, a partir de 1890. Seus alimentos mais conhecidos são esfirra, pão sírio e quibe.

Atualmente, há um grande fluxo de imigrantes sírios para o Brasil. Muitas famílias sírias chegam ao nosso país fugindo da guerra civil que começou em 2011. Essas famílias são consideradas **refugiadas**.

Refugiado: imigrante que fugiu de seu país em busca de um lugar seguro. O refugiado deixa seu país de origem por sofrer com situações que põem sua vida em risco, como guerras e catástrofes naturais (terremotos, furacões, etc.).

Família de imigrantes libaneses. Foto de ◀ cerca de 1900.

Japoneses: começaram a chegar em 1908 para trabalhar no campo, principalmente nas lavouras de café. Com os japoneses, aprendemos a comer broto de feijão e a usar molho de soja. Também trouxeram para o Brasil a arte do *origami* (dobradura de papel).

Família de imigrantes japoneses. Foto de cerca de 1910. ▶

Memorial do Imigrante. Fotografia: ID/BR

Angolanos: começaram a chegar em grande número a partir da década de 1990, fugindo de perseguições políticas e para estudar nas universidades. Atualmente, formam uma das maiores comunidades de imigrantes africanos no Brasil. Por isso, é comum encontrar comunidades angolanas em grandes centros brasileiros, exercendo diversas atividades.

Imigrantes angolanos durante aula no município de São Paulo. Foto de 2015. ▶

Diego Padgurschi/Folhapress

Bolivianos: inicialmente, vinham para estudar nas universidades e trabalhar como médicos, engenheiros, etc. A partir da década de 1980, esse perfil mudou e muitas famílias bolivianas começaram a vir para trabalhar em oficinas de confecção de roupas, sobretudo em São Paulo.

Imigrantes bolivianos durante evento no município de São Paulo. Foto de 2016.

Haitianos: a partir de 2010, ano em que o Haiti sofreu um terremoto, nosso país começou a receber muitos haitianos. Em 2016, o Haiti foi atingido por um furacão. Isso impulsionou a vinda de um novo grupo de haitianos para o Brasil.

Imigrantes haitianos em órgão público no Brasil. Foto de 2015.

Conhecendo os imigrantes

Como vimos, os fluxos de imigração são constantes e não ficam restritos ao passado do Brasil. Eles ocorrem ainda hoje e fazem parte do cotidiano de nosso país. Por meio deles, realizamos trocas culturais com diferentes povos, e isso enriquece nossa cultura e nos permite conhecer novas formas de entender o mundo, novas tecnologias e diferentes maneiras de nos relacionarmos.

Retome os textos sobre os diferentes grupos de imigrantes para realizar as atividades propostas.

2 Os alimentos retratados nas fotos a seguir são atualmente consumidos por muitos brasileiros. Escreva o nome dos povos que trouxeram esse costume para o Brasil.

a. Grão-de-bico

Yumehana/iStock/ Getty Images

b. Uva itália

Jerryhat/iStock/ Getty Images

_____

c. Joelho de porco assado

GSDesign/ Shutterstock.com/ID/BR

d. Bacalhau

Sophy Photos/ Shutterstock.com/ID/BR

_____

e. Salmão

Ratthaphong Ekariyasap/ Shutterstock.com/ID/BR

f. Esfirra

Renan Carvalho89/ Shutterstock.com/ID/BR

_____

3 Você já experimentou alguma dessas comidas? Em caso afirmativo, contorne-a. Em caso negativo, contorne aquela que você tem vontade de provar.

4 Em seu município, há algum dos grupos de imigrantes que estudamos até agora? Comente com a turma.

Crianças refugiadas, estudantes em São Paulo

Como você estudou, parte dos imigrantes que chega ao Brasil é formada por famílias refugiadas. Geralmente, elas estão fugindo de países em guerra ou que sofreram catástrofes naturais. Em busca de uma vida melhor, elas abandonam seus bens, como a moradia, e partem para outros países.

No Brasil, os refugiados são protegidos pelo **Estatuto dos Refugiados**. Em muitos casos, recebem ajuda financeira do governo, documentos, abrigo e aulas de português para que consigam se adaptar ao nosso país.

Dessa forma, os adultos refugiados podem começar a trabalhar, e as crianças podem se matricular em escolas brasileiras. Observe as imagens desta seção para saber como crianças refugiadas da Síria são recebidas na Escola Municipal de Ensino Fundamental Duque de Caxias, no município de São Paulo.

Na Escola Municipal de Ensino Fundamental Duque de Caxias, no município de São Paulo, os estudantes refugiados da Síria são muito bem recebidos. Na imagem, estudante síria (à esquerda) e colega brasileira realizam atividade em dupla. Foto de 2016.

O apoio de colegas e professores é muito importante para as crianças refugiadas. Esse contato ajuda os imigrantes a conhecer melhor nossa cultura, fazer amigos, etc. Nessa foto, de 2016, menina síria (ao centro) estudando em grupo com colegas de turma.

Gabo Morales/UNHCR

▲ As crianças refugiadas matriculadas nessa escola frequentam as mesmas aulas que as crianças brasileiras, além de receber reforço na área de língua portuguesa. Na imagem, menina síria (à esquerda) brincando com colegas brasileiras na escola. Foto de 2016.

1 Em sua opinião, por que é importante que as crianças refugiadas frequentem a escola?

2 Você faz parte de uma família de refugiados? Na escola em que você estuda há estudantes nessa situação? Conte sua experiência.

3 Imagine que, na próxima semana, sua turma vai receber um colega que veio de outro país. O que vocês fariam para recepcioná-lo? Com a orientação do professor, façam uma lista coletiva na lousa.

Aprender sempre

1 Observe o gráfico e responda às questões.

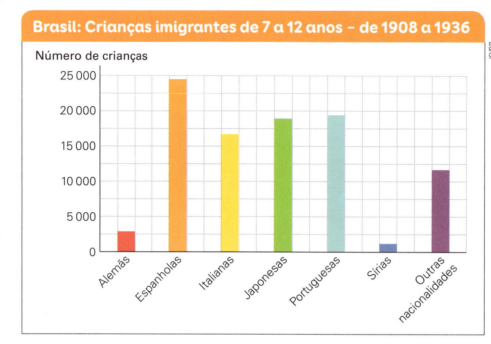

Brasil: Crianças imigrantes de 7 a 12 anos – de 1908 a 1936

Número de crianças

(Eixo vertical: 0, 5 000, 10 000, 15 000, 20 000, 25 000)

Categorias: Alemãs, Espanholas, Italianas, Japonesas, Portuguesas, Sírias, Outras nacionalidades

Fonte de pesquisa: 100 anos da chegada dos japoneses ao Brasil. *Ciência Hoje das Crianças*, n. 192, p. 6, jul. 2008.

a. O que o gráfico apresenta?

_____

b. No período representado no gráfico, a maioria das crianças imigrantes era de qual nacionalidade?

_____

c. Imagine que você e a turma vieram ao Brasil como imigrantes na época apresentada no gráfico. Vocês brincariam com as crianças de famílias vizinhas? De que forma vocês se comunicariam? Do que brincariam?

2 Observe as fotos e leia as legendas.

◀ Bolivianos durante comemoração do aniversário da Independência da Bolívia, no município de São Paulo. Foto de 2019.

Festival das Estrelas, festa típica japonesa, no município de São Paulo. Foto de 2016. ▶

- As fotos mostram diferentes manifestações culturais de imigrantes no Brasil. Em sua opinião, por que é importante respeitar as diferentes culturas?

3 No estado onde você mora, há influências de imigrantes? Com a ajuda de um familiar, siga estas orientações para produzir um mapa ilustrado.

- Identifique o estado onde está seu município no mapa do Brasil da página 151. Ligue-o aos quadros ao redor do mapa.

- Com a ajuda do adulto que cuida de você, pesquise as influências dos imigrantes em seu estado e preencha os quadros com imagens que representem essas influências.

- Destaque a página em que você trabalhou e, em uma data combinada, exponha seu mapa no mural da sala de aula.

Para explorar

Imigrantes e refugiados. Direção: Carlos Djalma. Brasil, 2020 (25 min 37 s).
Disponível em: https://www12.senado.leg.br/tv/programas/em-discussao/2020/03/imigrantes-e-refugiados. Acesso em: 6 abr. 2021.

Saiba mais a respeito da imigração no Brasil e do recebimento de refugiados em nosso país nesse vídeo produzido pela TV Senado.

FEIRA DE ARTESANATO

Diversidade cultural no Brasil

Os diferentes povos que fizeram parte da formação do Brasil e que compõem a população brasileira contribuíram para que nosso país tivesse uma cultura muito rica e diversa.

Para começo de conversa

1. Você já foi a uma feira de artesanato como a da imagem? Já tinha visto objetos como os que estão sendo vendidos? Como eles são utilizados?

2. No município onde você mora, há artesãos, ou seja, pessoas que fazem objetos à mão, como esses? Em caso afirmativo, o que eles produzem? Você conhece esses artesãos?

3. Em sua opinião, qual é a importância desses objetos para a cultura brasileira?

◄ Pessoas passeando em feira de artesanato. Nos detalhes, esculturas de diferentes materiais, panelas de cerâmica, cestarias e utensílios domésticos diversos.

Muitas manifestações culturais

No Brasil, a diversidade de povos que viviam aqui gerou uma cultura muito especial que nos distingue no mundo. Entre as várias manifestações culturais no Brasil, podemos citar as lendas e os mitos populares. São histórias fantásticas, às vezes divertidas, às vezes assustadoras, que são passadas de geração a geração e que trazem conhecimentos e sabedorias populares.

São formas diferentes de explicar o mundo e são também fontes valiosas para conhecermos nossas raízes culturais como parte do povo brasileiro. Vamos conhecer alguns exemplos?

1 Na Comunidade dos Arturos, em Contagem, Minas Gerais, acontecem diferentes festas e confraternizações em homenagem à Nossa Senhora do Rosário, considerada a protetora das comunidades negras.

Conta-se que, ainda no continente africano, no Império do Congo, a imagem da santa apareceu no mar. Marinheiros portugueses foram até lá cantar para a santa, para que ela saísse do mar. Porém, a imagem não se movia. Somente quando músicos negros com seus tambores se puseram a tocar e a cantar é que a imagem da santa magicamente se moveu e saiu da água. Logo a imagem foi capturada pelos europeus, que a puseram em uma grande capela.

Porém, no dia seguinte, ao abrirem novamente a capela, houve uma surpresa: a imagem da santa não estava mais lá! Em instantes, descobriram que ela havia retornado ao mar. Então, os negros construíram outra capela, à beira-mar, e com seus tambores se puseram a tocar e a cantar. Com isso, a imagem da santa se moveu magicamente e foi para a areia. Então, os negros puseram a imagem no altar da capela deles, de onde ela nunca mais saiu. Todo ano essa história é recontada nos festejos das Congadas, especialmente nos estados de Minas Gerais, Goiás e Bahia.

2   As crianças do povo indígena Ikolen, conhecido pelos não indígenas como Gavião, em Rondônia, costumam ouvir uma história sobre a importância dos mais jovens para manter a continuidade do mundo. Conta-se que, em um passado muito distante, o céu quase esmagou a Terra.

Em um dia ensolarado, sem sinais de tempestade, começou a trovejar fortemente. Todos os Ikolen olharam para cima e se assustaram: o céu estava caindo sobre eles!

Quase todas as pessoas correram para se esconder, enquanto algumas árvores ficaram tentando "segurar" o céu. Apenas as crianças tiveram coragem de enfrentar a situação e buscar soluções. Então, um corajoso menino de cinco anos resolveu agir. Pegou suas flechas e as lançou para o céu, fazendo-o recuar. Foram três flechadas certeiras, e o céu voltou de novo para o seu lugar, onde está até hoje. As flechas se tornaram estrelas e são as responsáveis por manter o céu distante da Terra até hoje.

Dayane Raven/ID/BR

1 Leiam as orientações a seguir.

- Vocês vão fazer a leitura dos mitos. Cada parágrafo dos textos será lido em voz alta por um colega, enquanto os outros colegas acompanham a leitura.

- Após a leitura, os colegas que não leram em voz alta deverão contar o que entenderam de cada história. Para isso, imaginem, por exemplo, que vocês precisam contar cada história a um colega que ainda não a conhece.

2 Que conhecimentos cada história traz? Conversem sobre elas e façam uma lista na lousa para cada uma. Copiem essa lista no caderno.

Cordel e poesia popular: influências portuguesas

Você já ouviu falar em cordel?

São histórias em versos sobre pessoas famosas, fatos acontecidos ou imaginados, aventuras. Essas histórias são escritas por poetas populares.

Esse tipo de literatura foi trazido pelos portugueses e é comum na **Região Nordeste**. No Brasil, recebeu esse nome porque os livretos ficam pendurados em cordões nas feiras.

▲ Livros de cordel à venda na Nova Feira de São Cristóvão, no município do Rio de Janeiro. Foto de 2014.

> **Região Nordeste:** formada pelos estados de Alagoas, Bahia, Ceará, Maranhão, Paraíba, Pernambuco, Piauí, Rio Grande do Norte e Sergipe.

Os versos a seguir foram escritos pelo cordelista Leandro Gomes de Barros, que viveu entre 1865 e 1918. Neles, o artista faz um divertido autorretrato.

Olhos grandes, bem azuis, têm cor do mar:
Corpo mole, mas não é tipo esquisito –
Tem pessoas que o acham muito feio,
Mas a mamãe, quando o viu, achou bonito!

Leandro Gomes de Barros. Os traços de Leandro Gomes de Barros. Disponível em: http://memoriasdocordel.blogspot.com/2013/03/grandes-nomes-do-cordel-1-leandro-gomes.html. Acesso em: 25 jun. 2021.

José Costa Leite. *Embolador*, 2006. Gravura. O embolador é um poeta popular que declama seus versos de ◀ modo improvisado.

▲ José Costa Leite. *Casal de cantadores*, 2006. Gravura. Os cantadores são poetas populares que cantam seus versos escritos ou improvisados.

3 Em sua opinião, que diferenças há entre cordelistas, cantadores e emboladores?

4 Que instrumentos musicais são usados por cantadores e emboladores?

Instrumentos musicais

Os instrumentos musicais são objetos utilizados para produzir música. Diferentes povos criaram diversos instrumentos ao longo do tempo. Por isso, esses objetos são importantes fontes históricas.

Os instrumentos musicais utilizados para produzir os ritmos brasileiros mostram as influências de diversos povos, como os indígenas, os africanos, os europeus e os asiáticos, na cultura do Brasil.

◄ Pandeiro, instrumento trazido ao Brasil por europeus e africanos.

Viola, instrumento que chegou ao Brasil com os povos europeus. ►

Representação sem proporção de tamanho entre os elementos.

◄ Maracá, um tipo de chocalho de origem indígena.

◄ Reco-reco, instrumento que chegou ao Brasil com os povos africanos.

1 Quais desses instrumentos você conhece? Contorne-os.

2 Com a ajuda do adulto que cuida de você, pesquise as manifestações culturais brasileiras relacionadas a cada instrumento retratado nas fotos. Anote suas descobertas no caderno e compartilhe-as com a turma em uma data combinada.

Para explorar

Biblioteca de ritmos
Disponível em: https://www.bibliotecaderitmos.com.br/ritmos/. Acesso em: 7 abr. 2021.

Nesse *site*, é possível encontrar registros, como áudios e vídeos, de diversos ritmos musicais brasileiros. Eles estão organizados por local de origem, local de ocorrência e instrumentos, entre outros itens.

Festas e ritmos

No Brasil, a mistura de diversas culturas também deu origem a centenas de festas e comemorações populares, ritmos e danças. Vamos conhecer alguns exemplos?

Folia de Reis

A Folia de Reis é uma festa de origem portuguesa. Celebra o nascimento de Jesus e a viagem dos reis magos para visitá-lo. É realizada em vários lugares do Brasil, incorporando elementos das culturas locais.

Folia de Reis em Juazeiro do Norte, Ceará. Foto de 2015. ▶

▲ Congada de São Benedito, no Mato Grosso. Foto de 2018.

Congada

A festa da Congada representa a coroação dos reis do Congo, antigo reino na África. Em sua comemoração, porém, há elementos da cultura europeia, como São Benedito e Nossa Senhora do Rosário, santos da Igreja católica.

Frevo

O frevo é uma dança do Carnaval pernambucano. Surgiu de uma mistura de danças europeias, como a polca, e marchas militares. Seu nome teve origem no verbo "ferver".

Dançarinos de frevo durante apresentação no Recife, Pernambuco. Foto de 2018. ▶

Festa do Divino

A Festa do Divino, de origem portuguesa, é uma comemoração religiosa. Durante os festejos, diversos grupos fazem apresentação de danças, bandeiras e tambores.

Procissão da Festa do Divino em Mogi das Cruzes, São Paulo. Foto de 2018. ▶

Festas juninas

As festas juninas celebram três santos da Igreja católica: Santo Antônio, São João e São Pedro. As quadrilhas, comuns nessas festas, originaram-se de danças europeias.

◀ Apresentação de quadrilha durante festa junina em Caruaru, Pernambuco. Foto de 2019.

Festa da uva

Muitas festas foram trazidas por imigrantes. A festa da uva é organizada pelas comunidades de origem italiana, para celebrar a colheita da uva.

Exposição na Festa da Uva em Caxias do Sul, Rio Grande do Sul. Foto de 2019. ▶

Ano-Novo chinês

As comunidades orientais no Brasil também celebram datas importantes de seus países de origem. Um exemplo é a comemoração do Ano-Novo chinês.

◀ Festa do Ano-Novo chinês no município de São Paulo. Foto de 2019.

Rendeiras nordestinas

Por meio de imagens, podemos perceber características dos costumes de uma comunidade. Fotos e pinturas podem registrar o modo como diversos povos realizam as atividades cotidianas.

É o caso das rendeiras da Região Nordeste. Observe, a seguir, dois registros do modo como essas artesãs trabalham.

Galeria Jacques Ardies, São Paulo. Fotografia: Jacques Ardies

A

Helena Coelho. *Rendeiras de bilro*, 2004. Óleo sobre tela. Existem vários tipos de renda. Nessa imagem, observa-se o trabalho de produção da renda de **bilro**, uma técnica de origem portuguesa.

Bilro: instrumento de madeira utilizado para fazer um tipo de renda.

B

Delfim Martins/Pulsar Imagens

Artesã fazendo renda de bilro em Aquiraz, Ceará. Foto de 2018. É possível ver um pedaço de papel pardo sobre a **almofada**. Ele é chamado de **pique**. Nele, está o desenho da renda a ser feita.

Agora é a sua vez

1 Preencha os quadrinhos a seguir com a letra de cada imagem, de acordo com o tipo de representação das rendeiras.

☐ gravura

☐ escultura

☐ pintura

☐ foto

2 De acordo com as imagens **A** e **B**, quais objetos deste quadro são utilizados pelas rendeiras? Contorne-os.

João Prudente/Pulsar Imagens

▲ pique

Gustavo Miguel Fernandes/Shutterstock.com/ID/BR

▲ bilros

NinaM/Shutterstock.com/ID/BR

▲ novelos de linha

Representação sem proporção de tamanho entre os elementos.

ZargonDesign/iStock/Getty Images

▲ rastelo

Shingopix/iStock/Getty Images

▲ martelo

Zé Paiva/Pulsar Imagens

▲ almofada

Marek Walica/Shutterstock.com/ID/BR

▲ escada

3 Qual destas duas imagens representa melhor o resultado do trabalho das rendeiras? Marque com um **X**.

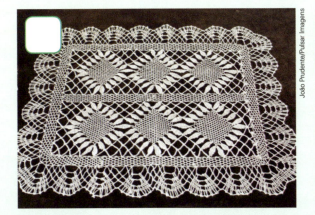

João Prudente/Pulsar Imagens

Manfredrf/Alamy/Fotoarena

4 Em sua casa, há algum objeto feito de renda? Pergunte aos adultos que moram com você e, se houver, peça para ver esse objeto. Depois, conte aos colegas.

Aprender sempre

1 Observe a ilustração. Ela é uma representação da criação do mundo de acordo com os Kayapó, povo indígena que vive nos estados do Mato Grosso e do Pará.

Fonte: ISA/MEC (org.). Geografia Indígena. 1996

▲ Tàkàkàn Pruma Kayapó. Ilustração da criação do mundo, 1988.

a. Que elementos aparecem nesta imagem?

_____

_____

_____

b. Esses elementos são importantes em sua vida? Explique.

c. Em sua opinião, esses elementos são importantes para os Kayapó? Por quê?

2 Leia estes versos de cordel.

Pra começar [a] dar valor
À nossa identidade,
Ao nosso potencial,
[...]
Só assim vamos dizer:
Temos a felicidade...

De uma cultura valiosa
Em danças, mitos, lazer
Teatro, artesanato,
Música, arte plástica, saber
[...]
Temos muito a oferecer.

Francisco Diniz. Viagem no trem da cultura. Em: Projeto Cordel, 8 mar. 2007.
Disponível em: http://www.projetocordel.com.br/cordeis/o_trem_da_cultura.php.
Acesso em: 7 abr. 2021.

a. Copie os versos em uma folha avulsa de papel e faça um desenho para ilustrá-los. Lembre-se de anotar seu nome na folha. Com a orientação do professor, afixe seu desenho no mural da sala de aula, para que os colegas possam vê-lo. Depois, observe os desenhos feitos pelos colegas.

b. Em sua opinião, por que é importante valorizar nossa cultura?

Saber Ser

3 Leia em voz alta os trechos das cantigas a seguir. Depois, tente descobrir a qual festa cada um deles corresponde. Os nomes das festas estão nos quadros coloridos.

Congada   Festa do Divino   Folia de Reis

Festa junina   Carnaval pernambucano

Agora vamos pegar o caminho
da roça!
A ponte quebrou!
Já consertou!
Olha a cobra!
É mentira!

Tradição oral.

São levantados os mastros!
Viva São Benedito!
Viva Nossa Senhora
do Rosário!

Tradição oral.

Eu frevo, tu freves, ele freve!
Ferva o samba, minha gente!

Tradição oral.

A folia aqui chegou
Santos Reis vêm visitar
Está pedindo a sua esmola
Veja lá o que pode dar.

Tradição oral.

Andamos de porta em porta
De todos os moradores
Pra festejar o Divino
Cobri-lo todo de flores.

Tradição oral.

Ilustrações: Dayane Raven/ID/BR

4 Na escola onde você estuda, são realizadas festas comemorativas? Sua família e seus vizinhos costumam participar de festas populares? Anote o nome dessas festas.

- Troque de livro com um colega e leia o que ele anotou. Há festas em comum? Explique.

Até breve!

A cada ano escolar, você e os colegas passam por novos desafios e aprendizagens. Você já parou para pensar no quanto aprendeu neste ano? Para saber isso, faça as atividades a seguir.

1 Ao longo do ano, você fez várias descobertas sobre o município onde mora. Sobre esse assunto, preencha a tabela a seguir.

Nome do município	
Características da área rural	
Características da área urbana	
Data do início da história do município	
Ano de fundação do município	
Marcos históricos	

2 Agora, sobre a escola onde você estuda, anote as seguintes informações, em uma folha avulsa de papel: nome da escola; história do nome da escola; endereço da escola; se fica na área rural ou na área urbana; em que ano foi fundada e qual é a importância dela para a comunidade.

3 Escolha um parente com o qual você tenha conversado durante o ano e conte aos colegas que importância essa pessoa tem para sua família e qual é a relevância do trabalho dela para a comunidade. Depois, comente o que você sabe sobre as brincadeiras que essa pessoa fazia quando era criança. **Dica:** Se essas brincadeiras ainda forem realizadas atualmente, conte também de que forma isso acontece e como você costuma brincar.

4 Nesta avaliação, você compartilhou o que sabe sobre o município onde mora, sobre a escola onde estuda e sobre a sua moradia. Para você, quais são as diferenças entre esses três espaços? Em uma folha avulsa de papel, escreva um parágrafo apresentando pelo menos duas diferenças.

5 Organize os conceitos a seguir em ordem crescente, levando em consideração o nível de cada elemento para a organização da administração pública no Brasil. Caso alguns elementos estejam no mesmo nível, você deve escrevê-los no mesmo campo.

área urbana	país	município	área rural	estado

6 De modo coletivo, escrevam um texto curto, com cerca de três parágrafos, sobre a importância de proteger os vestígios históricos e as manifestações culturais existentes no município onde vocês moram. Lembrem-se de citar os nomes dos vestígios e das manifestações que vocês estudaram ao longo do ano e de dar exemplos sobre o que aprenderam sobre elas. No texto, vocês podem evidenciar as descobertas que mais chamaram a atenção durante os estudos e as pesquisas que fizeram.

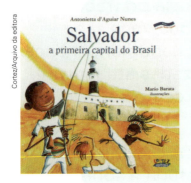

Cortez/Arquivo da editora

Salvador: a primeira capital do Brasil, de Antonietta d'Aguiar Nunes. Ilustrações de Maria Barata. Editora Cortez (Coleção Nossa Capital).

Escrito e ilustrado por autores baianos, esse livro apresenta a história de Salvador, destacando os principais marcos históricos da atual capital da Bahia e as transformações pelas quais o município passou ao longo do tempo.

Caderno de rimas do João, de Lázaro Ramos. Ilustrações de Mauricio Negro. Editora Pallas.

Já imaginou criar um caderno diferente, em que todas as frases rimam? Foi isso que a personagem João fez! Por meio de versos divertidos e inspirados, João nos apresenta diferentes eventos de sua vida e da história de sua comunidade.

Pallas/Arquivo da editora

Companhia das Letrinhas/Arquivo da editora

De braços para o alto, de Drauzio Varella. Ilustrações de Cárcamo. Editora Companhia das Letrinhas.

Conheça as aventuras de um garoto da cidade que, aos sete anos de idade, vai passar as férias em uma fazenda. Lá, ele descobre passatempos, brincadeiras e histórias e faz novos amigos.

Entre neste livro: a Constituição para crianças, de Liliana Iacocca e Michele Iacocca. Editora Ática.

Esse livro traz textos bem-humorados sobre os artigos da Constituição de 1988. Ao "entrar" nessa obra, você vai conhecer melhor os direitos e deveres dos cidadãos brasileiros e as leis que protegem crianças e adolescentes.

Ática/Arquivo da editora

Brasil-lendário, de Fátima Miguez. Ilustrações de Suppa. Editora DCL (Coleção Brasil em Letras e Cores).

Nesse livro, a autora apresenta diferentes lendas e mitos que fazem parte da cultura brasileira. Obras de arte feitas desde o período colonial até os dias atuais acompanham as lendas.

Jongo, de Sonia Rosa. Ilustrações de Rosinha Campos. Editora Pallas (Coleção Lembranças Africanas).

Uma das expressões da cultura afro-brasileira é o jongo. Esse livro conta a história desse ritmo, que mistura música, dança e risadas. Criada pelos africanos escravizados no Brasil e seus descendentes, essa expressão musical contribuiu para o surgimento do samba.

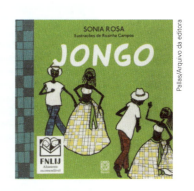

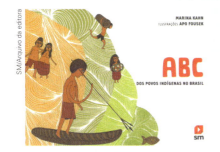

ABC dos povos indígenas no Brasil, de Marina Kahn. Ilustrações de Apo Fousek. Edições SM.

Aprofunde seus conhecimentos sobre as diferentes culturas dos povos indígenas do Brasil. Nessa obra, são abordados vários aspectos culturais desses povos, como pinturas corporais, festas e cerimônias, vestimentas, idiomas, etc.

Foi vovó que disse, de Daniel Munduruku. Ilustrações de Graça Lima. Editora Edelbra.

Como você estudou, as histórias e os mitos dos povos indígenas são passados aos jovens pelos mais velhos. Esse livro reúne algumas dessas narrativas que trazem, a cada membro da comunidade, o conhecimento sobre as tradições e os costumes de seu povo.

Bibliografia comentada

ACHEBE, Chinua. *O mundo se despedaça*. São Paulo: Ática, 1983 (Coleção de Autores Africanos).

Essa obra nigeriana, publicada pela primeira vez em 1958, narra a trajetória de Okonkwo, um jovem guerreiro que se torna uma liderança em sua comunidade durante os primeiros contatos de seu povo, os Ibo, com os europeus.

ARAUJO, Kelly Cristina. *Áfricas no Brasil*. São Paulo: Scipione, 2003.

Esse livro apresenta um panorama geral da presença dos afrodescendentes no Brasil e pode auxiliar os docentes no ensino sobre as culturas africanas e afro-brasileiras.

AYALA, Marcos; AYALA, Maria Ignez Novais. *Cultura popular no Brasil*. 2. ed. São Paulo: Ática, 2003 (Série Princípios).

O livro aborda os diversos aspectos da história da cultura popular brasileira, apresentando suas origens e transformações ao longo do tempo e em diferentes lugares.

BRASIL. Ministério da Educação. *Geografia indígena*. Parque Indígena do Xingu/Instituto Socioambiental. Brasília: MEC/SEF/DPEF, 1988.

A obra faz parte de um projeto coletivo elaborado durante as primeiras etapas do curso de formação de professores indígenas do Parque Indígena do Xingu.

BURKE, Peter (org.). *A escrita da história*: novas perspectivas. 2. ed. São Paulo: Ed. da Unesp, 2011.

A obra reúne textos dos mais renomados historiadores contemporâneos, que abordam as novas tendências sobre o fazer historiográfico.

CARNIER JR., Plínio. *Imigrantes*: viagem, trabalho, integração. São Paulo: FTD, 2000.

O livro apresenta os principais aspectos do movimento migratório no Brasil, a partir de meados do século 19, e suas consequências para o desenvolvimento econômico e cultural do país.

CASTANHA, Marilda. *Agbalá*: um lugar-continente. São Paulo: Cosac & Naify, 2011 (Coleção Histórias para Contar História).

A obra possibilita desenvolver temáticas sobre as culturas africanas e afro-brasileiras em diferentes sentidos, como as tecnologias, as práticas culturais e a importância dos Iorubá para a construção da cultura brasileira.

CASTANHA, Marilda. *Pindorama*: terra das palmeiras. São Paulo: Cosac & Naify, 2008 (Coleção Histórias para Contar História).

Pindorama era o nome dado pelos indígenas ao território brasileiro antes da chegada dos europeus. Essa obra é importante para o desenvolvimento de temas como a diversidade dos povos indígenas no Brasil e o encontro deles com os portugueses.

HERNANDEZ, Leila Leite. *A África na sala de aula*: visita à história contemporânea. São Paulo: Selo Negro, 2005.

O livro é uma importante obra de referência para o ensino da África contemporânea e permite ao professor ampliar a abordagem didática sobre o continente africano, evitando a reprodução de estereótipos.

MACHADO, Nílson José. *Cidadania é quando...* São Paulo: Escrituras, 2001 (Coleção Escritinha).

Com uma linguagem poética e acessível a estudantes a partir dos 6 anos de idade, o livro aborda a participação e a responsabilidade das crianças na sociedade.

MATTOS, Ilmar R. de *et al. O Rio de Janeiro, capital do Reino*. 12. ed. São Paulo: Atual, 2008.

A obra apresenta uma análise sobre a transferência da Corte portuguesa para o Brasil, em 1808, e sobre como esse evento transformou o cotidiano na cidade do Rio de Janeiro.

MUNDURUKU, Daniel. *Coisas de índio*. São Paulo: Callis, 2000.

Essa obra aborda algumas das principais características dos povos indígenas e particularidades de suas culturas, valorizando o respeito à diferença.

PETTA, Nicolina L. de. *A fábrica e a cidade até 1930*. 10. ed. São Paulo: Atual, 2004 (Coleção A Vida no Tempo da Fábrica).

O livro traz uma análise sobre a vida dos operários nas fábricas, nas moradias e nas ruas e pode ser trabalhado de diversas maneiras pelos docentes em sala de aula.

ROSA, Nereide S. Santa. *Festas e tradições*. São Paulo: Moderna, 2001 (Coleção Artes e Raízes).

Ricamente ilustrada, a obra oferece um passeio lúdico e colorido pela diversidade cultural brasileira, com foco nas festas populares e nos mitos que fazem parte do imaginário brasileiro em diversas regiões do país.

SOUZA, Marina de Mello e. *África e Brasil africano*. 3. ed. São Paulo: Ática, 2012.

A obra trata de diversos aspectos da presença africana no Brasil e da história do continente africano e de seus povos. Importante para o desenvolvimento de temas como a África e o processo de escravização de povos africanos, o livro traz linguagem acessível, além de ilustrações, mapas e outros materiais imagéticos e historiográficos que podem enriquecer as aulas sobre o tema.

SPÓSITO, Eliseu S. *A vida nas cidades*. São Paulo: Contexto, 2004.

A obra possibilita que o docente apresente às crianças a diversidade de modos de vida na cidade moderna.

Destacar e colar

Página 23 • Atividade 3

Cartão-postal

Cole a foto aqui.

ID/BR

Página 42 • Atividade 1

Fica no interior, na área central do Brasil. Atual capital do país.

Ilustra Cartoon/ID/BR

Fica no litoral e foi área produtora de cana-de--açúcar. Primeira capital do Brasil (de 1549 a 1763).

Ilustra Cartoon/ID/BR

Segunda capital do Brasil (até 1960). Fica no litoral, próxima da área de onde já se extraiu muito ouro.

Ilustra Cartoon/ID/BR

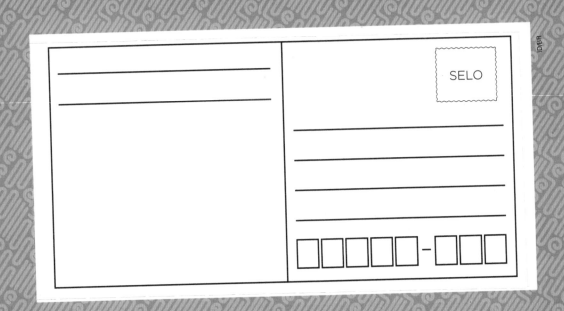

SELO

Destacar e montar

Instruções

1. Destaque as linhas pontilhadas e faça dobras nas linhas sólidas.
2. Depois, encaixe as partes com números iguais, unindo sempre uma bolinha azul com uma vermelha. Veja o modelo.

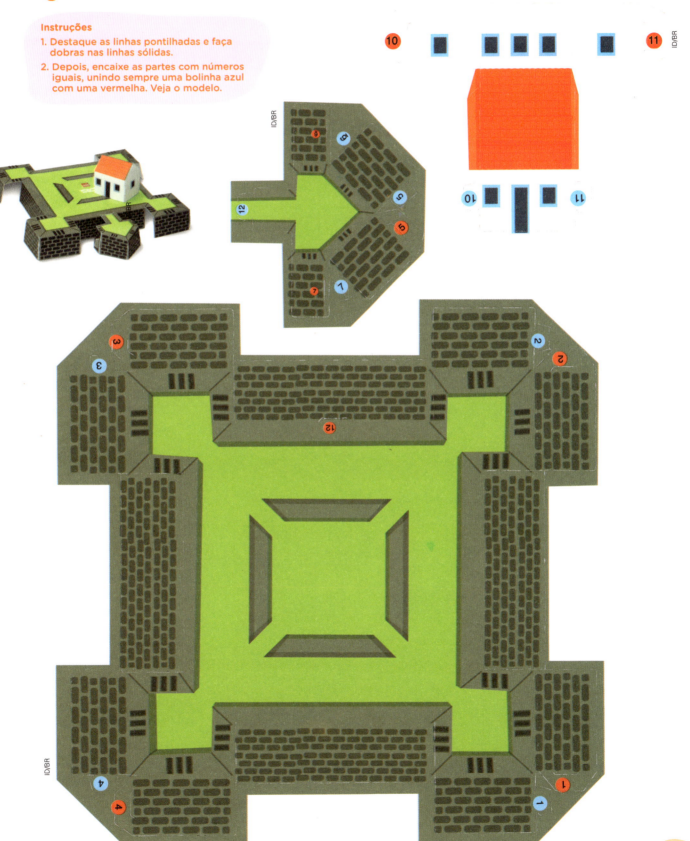

Destacar e colar

Página 104 • Atividade 1

Página 108 • Atividade 4

Pepita de ouro.

Bicicleta.

Búzios.

Marfim.

Página 127 • Atividade 3

RORAIMA

AMAPÁ

AMAZONAS

PARÁ

MARANHÃO

CEARÁ

RIO GRANDE DO NORTE

PARAÍBA

PIAUÍ

PERNAMBUCO

ACRE

ALAGOAS

SERGIPE

TOCANTINS

RONDÔNIA

BAHIA

MATO GROSSO

DISTRITO FEDERAL

GOIÁS

MINAS GERAIS

MATO GROSSO DO SUL

ESPÍRITO SANTO

SÃO PAULO

RIO DE JANEIRO

PARANÁ

SANTA CATARINA

RIO GRANDE DO SUL

0   290 km

João Miguel A. Moreira/ID/BR

Fonte de pesquisa: *Atlas geográfico escolar*. Rio de Janeiro: IBGE, 2018. p. 90.